As revoluções da comida

Rafael Tonon

As revoluções da comida

O impacto de nossas escolhas à mesa

todavia

Para o meu pai

Couvert

Desintoxique-se já!; *Os elementos da comida limpa*; *Puro, cru, despido, nu, limpo e detox*; *Como não morrer*... Uma volta pelas seções de Gastronomia/Nutrição das principais livrarias da Inglaterra fez com que o jornalista e escritor Steven Poole percebesse que havia algo estranho ali. Especialista em linguagem — e nos abusos que se faz dela, sobretudo em tempos em que um tuíte apressado vale mais do que mil reflexões —, ele achou que aqueles títulos pareciam mostrar uma relação não muito amistosa com a alimentação. "Quando foi que a comida se tornou uma inimiga pública?", questiona ele. Comida é essencialmente prazer, não receio. Mas ela acabou assumindo um papel inédito na nossa sociedade, sobrecarregada de questionamentos, dúvidas, reflexões de que Poole tenta dar conta em um livro de título provocativo: *You Aren't What You Eat* [Você não é o que você come].

Tornamo-nos tão obcecados por comida a ponto de querer saber de onde ela procede, o que comprar, de que forma preparar, como comer. Fomos acometidos pelo *foodismo*, um tipo de enfermidade aguda, uma obsessão aditiva que passou a necessitar até de termos tradicionalmente ligados ao universo dos medicamentos para dar conta de descrevê-lo. "Comer é a última obsessão fanática envolvendo a ingestão de uma substância a que você pode se entregar sem ser repreendido pela sociedade", diz o autor. A comida substituiu as drogas no panteão de prazer em que as "doses" de açúcar podem transformar nosso dia, as "grandes quantidades" de cafeína mantêm nosso ritmo diário, a "ingestão" de carotenoides pode ser um implemento à nossa saúde e a "eliminação" de carboidratos e gorduras é uma boa recomendação às nossas dietas.

Se a princípio isso é um bom sinal — pois maior consciência sobre o que colocamos no prato poderia ser uma forma de ressignificar nossa relação com a comida —, no fim das contas a situação acabou descambando para uma espécie de neurose coletiva: quando foi que comer se tornou um ato marcado pela ansiedade sobre procedência, estilo de vida, saúde e status social? Dos programas de televisão que agora incham as grades das emissoras, inclusive as abertas (que antes os relegavam a seus horários matinais, para agradar as "donas de casa"), ao *celebrity system* que hoje norteia a função dos cozinheiros, dos livros de receitas que sobrecarregam as prateleiras das livrarias aos restaurantes caríssimos que são destaques em grandes jornais sérios, dos festivais gastronômicos aos tênis e camisetas com estampas de hambúrgueres e café, Poole diz que vivemos a "Era da Comida". E que ela ganhou uma onipresença inesperada na nossa sociedade hoje em dia.

No mesmo livro, Poole conta que Alex James, o baixista da banda de britpop Blur que virou produtor de queijo e *foodie* (qualitativo que muita gente passou a gostar de ostentar) e que hoje assina uma coluna gastronômica no jornal britânico *The Sun*, escreveu em um de seus textos: "Minha festa de vinte anos foi sobre bebidas, meu aniversário de trinta anos foi sobre drogas, e agora percebo que meus quarenta anos são sobre comida". Para uma geração bem mais nova que a dele, aliás, a comida tomou o lugar do rock 'n' roll na atitude que os jovens querem transmitir. Com chefs alçados ao status de pop stars e restaurantes com filas de espera de meses em todo o mundo (muitas vezes com lugares que se esgotam pouco tempo depois de abertos para a reserva), a comida deixou de ser só alimento e se transformou em uma forma de identidade para uma nova geração que se preocupa muito mais com aquilo que põe no prato — seja para comer ou para fotografar, claro, e logo postar nas redes sociais cada vez mais tomadas por imagens de *avocado toasts* lindas, bolos de chocolate tentadores e cafés decorados com camadas de chantilly tingido de todas as cores do arco-íris (sempre com um cenário estrategicamente montado).

Os *millennials* parecem ser uma geração que tem uma identificação muito maior com a comida do que qualquer geração anterior. Preocupam-se com o que comem, torcem o nariz para o fast food processado, cozinham cada vez mais, gastam boa parte da mesada em restaurantes e se identificam mais com esses cozinheiros-celebridades transformados em ativistas do que com a maioria dos ídolos pop que a indústria cultural teima em lançar a cada semana. A jornalista Eve Turow estudou por anos essa nova geração tão ligada à comida — que ela apelidou de *Geração Yum* — e traçou um perfil dela.

Ela relata a rotina de meninas de dezesseis anos que fazem suas pizzas, incluindo as massas de fermentação natural, aos finais de semana com as amigas para comer enquanto assistem a suas séries favoritas (adeus, pipoca de micro-ondas!) e de casais de vinte e poucos anos que trocam as baladas por jantares nos restaurantes mais populares da cidade. "Na última metade do século passado, os jovens se definiam por suas músicas preferidas, pelas bandas que ouviam. Hoje, trocaram as guitarras por outra forma de entretenimento e autoexpressão: ovos de galinhas felizes, queijos locais e verduras orgânicas", diz ela. Se você quisesse conquistar uma garota nos anos 1980, teria que andar com um violão nas costas. Atualmente, precisa no mínimo ter uma cenoura tatuada no antebraço.

Fato é que esses jovens estão transformando o mercado de alimentos (para o bem e para o mal) ao lhe impor um novo ritmo: de aberturas, de criações, de mudanças. Primeiro porque colocaram a comida no topo da lista de seus gastos. Segundo porque os *yummers* cresceram em um ambiente bem mais globalizado e conectado, em que aprenderam sobre alimentação e a vivenciaram de forma mais abrangente. Eles criaram uma relação muito mais íntima com a comida e já não engolem qualquer coisa. Por consequência, influenciaram o modo como nós mesmos encaramos a nossa alimentação. "O motor da gastronomia, mesmo da alta gastronomia, costuma ser sem dúvida essa geração de pessoas aparentemente obcecadas por comida, que estão dispostas a dirigir uma hora e meia por um taco ou economizar dinheiro — que minha geração gastaria em cocaína — para jantar no Le Bernardin", como bem pontuou o finado chef e apresentador Anthony Bourdain, também ele próprio transformado em celebridade, um ídolo dos *millennials*.

Tudo isso é para dizer que nunca fez tanto sentido falar e escrever sobre nossa alimentação: e é exatamente ela que nos traz aqui, a estas linhas. Este livro é, ao mesmo tempo, causa e consequência desse momento pelo qual passa a alimentação na sociedade contemporânea: de reflexão, de transformações, de revoluções. Mas ele procura narrar, acima de tudo, como chegamos até aqui, com essa receita gourmetizada e recheada de conceitos diante de nós, pronta para ser devorada, e como aquilo que comemos foi importante para criar movimentos, estabelecer hábitos, transformar realidades, empoderar políticos, abrandar guerras, nos ajudar na compreensão inclusive da nossa própria história evolutiva. Dizendo assim, parece até pretensioso, o que, garanto, não é o caso.

Este é apenas um livro que trata da comida pelo viés das agitações — políticas, culturais, sociais — das últimas décadas, propondo-se a voltar ainda mais no tempo aqui e ali, a tentar vislumbrar, para além da cozinha e da mesa, os nossos comportamentos de hoje e do futuro, a entender nossas movimentações e inquietudes pelos tratos digestivo, social e cultural. Que quer decifrar o que falamos, afinal, quando falamos de comida. Porque nunca é só sobre ela, posso garantir. Como bem anotou o grande Bill Buford, ensaísta e escritor norte-americano, autor de *Calor*, um livro que se dispõe a propósitos semelhantes aos deste, "comida é identidade, cultura e história. É ciência, natureza e botânica. É o próprio planeta. É nossa família, nossa filosofia, nosso passado. É a questão mais importante da nossa vida", escreve, forçando um pouco a caneta.

Mas eu concordo com os pontos dele. E humildemente apenas acrescentaria que a comida nos oferece uma das perspectivas mais interessantes para entendermos nossa trajetória: de onde viemos, como chegamos até aqui e, por fim, para onde vamos. É isso que proponho nas páginas seguintes. Com o endosso desses autores citados (é sempre mais fácil dividir a mesa com quem compartilha pontos de vista semelhantes) de que vivemos talvez os tempos mais relevantes da alimentação na nossa existência, este livro quer mostrar que comida é transcendente, sim, que seu resultado é muito maior do que sua soma (uns ingredientes aqui, um modo de preparo ali) e que ela pode pautar a forma de nos relacionar com as pessoas e com o mundo. Ou, como bem resume Buford, "é uma coisa muito séria e, ao mesmo tempo, não é".

1.
Dois hambúrgueres, alface, queijo, molho especial, cebola e picles num pão com gergelim

Thomas Jefferson era apaixonado por *mac 'n' cheese*, prato que ele ironicamente conheceu pela primeira vez em uma viagem à França. John F. Kennedy gostava mesmo da típica sopa de peixe da Nova Inglaterra, seu estado natal: em 1961, ele chegou a enviar para uma garota chamada Lynn Jennings uma carta com a sua própria receita do prato (que levava hadoque, carne suína, batata e salsão) quando ela lhe escreveu perguntando sobre a comida preferida do então presidente. Entre outros líderes americanos, Barack Obama, adepto de uma alimentação mais saudável, preferia salmão grelhado para os jantares na Casa Branca, enquanto matava a fome da tarde com um punhado de mix de castanhas. Até mesmo ao pedir pizza na Fiesta, sua pizzaria favorita em Chicago, o ex-presidente opta pelas coberturas vegetarianas. Já Donald Trump, quando não está sentado à mesa de um restaurante aguardando impaciente um filé chegar (muito) bem passado para então lambuzá-lo com grandes quantidades de ketchup, prefere se refestelar em litros de refrigerante, muitos hambúrgueres (sem picles!) e grandes quantidades de *chicken wings*, tudo devorado com a ajuda de goles fartos e cremosos de milk-shake de chocolate, seu preferido. Trump é um fervoroso adepto da típica dieta rápida norte-americana de ingerir de uma só vez muita gordura, muito açúcar e incontáveis calorias. Ele deve entrar para a história política como o "presidente da nação fast food", como cunhou o *The New York Times* — ainda que alguns de seus antecessores, como Ronald Reagan e Bill Clinton, também tenham sido flagrados entregando-se aos prazeres de cheese-búrgueres de vez em quando.

Durante a sua primeira campanha presidencial, Trump fazia questão de aparecer em fotos com os dedos lambuzados de excesso de gordura e condimentos, em uma ótima tática de popularização de sua imagem. "Não há nada mais americano e do povo que fast food", chegou a dizer um dos estrategistas do Partido Republicano. Tão logo ocupou a cadeira no Salão Oval, o já empossado presidente pediu aos cozinheiros da Casa Branca que recriassem uma versão do Quarteirão com Queijo, seu sanduíche favorito de todos os tempos, além de tortinhas de maçã recheadas: a equipe, no entanto, respondeu que "não poderia atender ao pedido". O que não impediu Trump de oferecer um verdadeiro banquete do sonho de qualquer festa infantil. Durante o *shutdown* do governo no começo de 2019, sem cozinheiros suficientes na residência oficial, dispensados pela paralização parcial do Estado, Trump recebeu os jogadores do Clemson Tigers no famoso endereço da 1600 Pennsylvania Avenue, em Washington D.C., servindo 350 hambúrgueres comprados no Burger King e no McDonald's, além de sanduíches da rede Wendy's, pizzas da Domino's e outros acompanhamentos dispostos em travessas e pedestais ornamentados sobre uma mesa de madeira decorada com candelabros dourados de fazer inveja à mansão de *A Bela e a Fera*. As batatas fritas foram servidas aos campeões de futebol americano em copos de papel com o logo da Casa Branca e devidamente mantidas aquecidas durante o jantar com lâmpadas de calor, como nas cozinhas de restaurantes finos. "Eu gosto de tudo isso", disse Trump a repórteres em um vídeo que viralizou na internet. "Tudo é bom. Ótima comida americana", orgulhou-se.

Longe das câmeras de TV e dos gravadores dos jornalistas, a afirmação de Trump seguia a mesma. Dentro do *Trump*

Force One, como foi apelidado seu avião privado de primeira classe, equipado com cama *king size*, copa e sistema de som de concerto, que levava o presidente para todos os compromissos oficiais, a mesa de jantar sempre serviu mais para reuniões do que para refeições em si. Na cozinha, as receitas eram apenas finalizadas nos fogões, fornos e micro-ondas instalados na aeronave, já que eram mesmo preparadas, seladas a vácuo e depois congeladas em solo, na base aérea Andrews, localizada em Prince George's, no estado de Maryland. Como qualquer presidente americano, ele podia pedir praticamente qualquer refeição que desejasse para a equipe de chefs. Mas, para infelicidade de Trump, como não há fritadeira no avião, as batatas fritas servidas no Boeing 757 tendiam a ficar um pouco encharcadas de óleo, e não chegavam à temperatura ideal para se tornarem douradas e crocantes como as das redes de fast food a que estava acostumado. Por isso, talvez, o presidente preferisse já subir a bordo com sua comida comprada, devidamente embalada em sacos de papel kraft. Suas refeições eram divididas sobretudo em quatro grandes grupos: McDonald's, Kentucky Fried Chicken, pizza e diet coke. Nos armários do avião, pacotes de bolacha Oreo, assim como embalagens de porções individuais de pretzels e batatas chips. E essas eram as refeições que ele fazia inclusive em viagens longas, mesmo que passasse dias dentro do *Air Force*. "Quando você voa com Trump, voa numa primeira classe elevada à décima potência", confidencia o seu ex-organizador de campanha David N. Bossie. "Exceto quando se trata da comida."

Em terra, porém, o menu era praticamente o mesmo: Trump quase não costumava almoçar e só se permitia sentar para jantar depois que o último compromisso da agenda fosse encerrado. "Ao final do dia, entretanto, a refeição do chefe tinha que chegar imediatamente", atenta Bossie. Durante a campanha, logo que Trump descia de um palanque, seu assistente Corey Lewandowski pegava o carro e corria ao McDonald's mais próximo enquanto os coordenadores o mantinham informado e o atualizavam sobre seu desempenho. Era só o tempo dos dois Big Macs, dois McFishs e do copo de milk-shake de chocolate chegarem às mãos dele para serem devorados bem ali, em poucos minutos.

Embora Trump não demonstre mesmo ser aquele tipo de comensal que realmente aprecia o ato de comer, um hedonista da boa gastronomia, por assim dizer, sua dieta à base de fast food — ele garante — tem menos relação com um desejo de fazer "a comida americana ser grande de novo" do que com um hábito adquirido de lavar as mãos repetidas vezes e tomar qualquer bebida que lhe sirvam com canudinho (ainda que isso seja malvisto nos dias atuais). O ex-presidente americano já declarou ser um germofóbico, alguém com um medo irracional de germes, um nojo patológico de sujeira. Por isso, prefere comer um sanduíche devidamente acondicionado em uma caixa de papel do que qualquer coisa que seja servida em um prato de louça que passou tempo demais em contato com o ambiente de um restaurante cheio de gente — mesmo em épocas pré-pandêmicas. Escolhas... Trump, como a personificação algo caricatural do americano médio, acredita que a comida mais segura que se pode consumir em qualquer lugar que esteja vem de trás de um balcão de fast food. Também deve ter consciência de que é muito mais desafiador mascarar o verdadeiro desgosto ao comer ou beber alguma coisa do que disfarçar suas verdadeiras crenças, mesmo ao longo de milhares de discursos, dezenas de milhares de apertos de mão ou beijos nas bochechas de bebês. Em um constante teste de autenticidade para seus eleitores, ele preferia ser visto ingerindo comida que o conectava ao povo — e que, de fato, não tinha que atuar para conseguir engolir.

Historicamente, líderes de Estado e políticos dos mais diversos escalões sempre foram bastante atentos ao que levam à boca.

Por muito tempo, a figura do provador oficial de comida teve uma relevância indispensável para a continuidade de muitos deles no poder, de Saddam Hussein a Barack Obama, de Hugo Chávez a Recep Erdoğan. Os provadores são peritos em identificar qualquer tipo de substância perigosa ou tóxica acobertada a um molho de salada ou a uma taça de vinho. Dotados de um paladar aguçado, provam tudo (em pequenas quantidades, para também não se darem mal) antes de seus patrões, num controle de qualidade efetuado por papilas bem treinadas que pode evitar doenças e até a morte de alguns deles. Hitler, não à toa, foi um dos líderes políticos mais zelosos com a sua alimentação: temia que até mesmo possíveis aliados pudessem querer envenená-lo. Por isso, uma equipe de quinze moças agia como uma matilha de cães farejadores na Toca do Lobo, o complexo militar onde o ditador fazia seus planos militares para manter o controle de seu exército durante a Segunda Guerra Mundial. Sempre escoltadas por soldados da SS, elas chegavam todos os dias de manhã ao centro de comando e eram responsáveis por degustar tudo que poderia ser servido a Hitler ou a pessoas próximas a ele.

Eram tempos árduos, em que centenas de milhares de alemães viviam em plena escassez de comida enquanto a guerra se arrastava, e tinham que economizar nas poucas refeições disponíveis, sem saber quando seria a última. O mesmo drama vivido pelas jovens provadoras oficiais da Waffen-SS, mas de outra natureza: no complexo construído na Prússia Oriental, onde hoje está localizada a Polônia, não havia indigência ou privação, somente medo e incerteza. "A comida era deliciosa, apenas os melhores legumes, aspargos, pimentões, tudo o que você pode imaginar. E sempre acompanhados de arroz ou macarrão", segundo Margot Wölk, uma das quinze provadoras, que décadas mais tarde confessou como eram os bastidores do regime nazista a uma emissora de televisão alemã. "Mas temíamos pela nossa vida todos os dias." Aos 95 anos, ela veio a público em dezembro de 2012 revelar o segredo e romper o silêncio que guardara por sete décadas sobre os dois anos e meio que trabalhara para a SS, aliciada depois de ter fugido de Berlim para escapar de ataques aéreos aliados. "Chorávamos de medo de morrer, depois chorávamos de felicidade como cachorros por termos sobrevivido." Única remanescente do grupo (suas colegas foram todas fuziladas pelo Exército Vermelho em 1945), ela se livrou do refúgio dos líderes nazistas graças a um relacionamento amoroso com um dos agentes do governo. Nos tempos da Toca do Lobo, Margot nunca chegou a se encontrar com Hitler. Também não provou um pedaço sequer de carne animal que fosse destinada ao ditador — o que a fez crer que ele era mesmo vegetariano, como alguns biógrafos do líder político já tinham sugerido. "Ele era um porco, um homem repugnante", afirmou ela, que faleceu em 2014, tendo feito sua última refeição de verdade naquele ano.

Mas a profissão de provador oficial de comida foi se tornando mais rara desde o século XIX, embora alguns políticos nunca tenham aberto mão de manter um em sua equipe. Saddam Hussein teve por muito tempo a seu lado o guarda-costas e provador oficial Kamel Hannah — morto pelo filho do ex-ditador do Iraque, Uday Hussein, com um taco de beisebol, por ter escondido segredos íntimos sobre um caso de seu pai. Hugo Chávez também manteve um provador oficial até sua morte, em 2013. Com o tempo, os envenenamentos à mesa passaram a ser uma estratégia conhecida, sendo bastante usada durante períodos como a Renascença, quando era comum misturar arsênico ou outras substâncias tóxicas à comida dos opositores: muitos inimigos morreram pela boca. Com os avanços dos processos de segurança alimentar nas cozinhas e a vigilância extrema por meio até mesmo de câmeras instaladas em áreas de preparo de sedes do governo a palácios, a figura do provador caiu em desuso.

Em sua confiança nos processos das redes de fast food, onde a comida é preparada em padrão quase industrial (com máquinas controlando milimetricamente até a quantidade de molhos adicionados em cada etapa), Trump sempre se sentiu razoavelmente seguro comendo hambúrgueres e fritas. Mas delegava a tarefa de ir à lanchonete da rede mais próxima para buscar seu almoço apenas aos seus assessores mais íntimos. Por via das dúvidas, também preferia comer biscoitos e snacks de embalagens menores, rapidamente devoradas, diminuindo a possibilidade de contaminação — por germes ou até, sabe-se lá, por substâncias fatais.

Em setembro de 1921, dois amigos — um cozinheiro chamado Walter Anderson e o ex-corretor imobiliário Billy Ingram — escolheram um ponto comercial em uma esquina com bom movimento na região central da cidade de Wichita, no Kansas, para abrir uma lanchonete. Para chamar a atenção do público, ergueram a estrutura com largos blocos que formavam uma espécie de castelo: uma torre despontava no centro da construção e as ameias levantadas na última fileira de tijolos remetiam à arquitetura dessas fortificações da Idade Média. A inspiração veio da Chicago Water Tower, a famosa torre de Chicago que sobreviveu ao incêndio de 1871 que lambeu quase toda a cidade naquele ano. Pintada inteiramente de branco, a fachada trazia em preto o nome escolhido para o novo negócio, White Castle, e a inscrição "*Hamburgers 5c*" em destaque sobre a face voltada para a rua principal.

O objetivo era vender sanduíches que custassem pouco — o atrativo era o preço, cinco centavos de dólar cada. Para isso, Anderson desenvolveu até mesmo uma espátula com a qual podia pressionar as porções moldadas de carne moída (em um formato mais quadrado do que estamos habituados hoje) em vez de usar bifes inteiros, diminuindo a quantidade de carne utilizada em cada sanduíche. A abertura de pequenos furos na carne também possibilitava um cozimento mais rápido, já que por eles subia o vapor, o que permitia triplicar a velocidade de produção. Depois de passar pela chapa, a carne era coberta então com anéis de cebola crua e uma fatia de picles, colocada no meio de um pão macio e alto cortado ao meio — ao cliente, só era dada a possibilidade de adicionar dois condimentos: ketchup e mostarda. Os sanduíches que passaram a ser vendidos naquele outono deram novo status aos hambúrgueres, que até então eram comercializados apenas em carrinhos engordurados, e fizeram da lanchonete um sucesso que ajudou a abrir caminho para todas as outras que vieram depois — inclusive uma muito famosa, que ficou conhecida por seus chamativos arcos dourados nas fachadas e um palhaço como garoto-propaganda.

A White Castle se expandiu como rede e se tornou a primeira cadeia de fast food do mundo: em 1930, ela já tinha 116 lanchonetes espalhadas pelos Estados Unidos. "Não é exagero dizer que o que Henry Ford fez para o carro, Ingram e Anderson fizeram para o hambúrguer. A White Castle revolucionou todo o conceito", afirma David Michaels, que trabalhou por anos em design conceitual para marcas como Disney e Pepsi, e é autor de um livro sobre a história cultural do hambúrguer. A comparação com a Ford suscita uma série de imagens sobre linha de produção, design industrial e sistematização de processos. Mas, de certa forma, o que os dois sócios fizeram pelo sanduíche mais famoso do mundo foi exatamente isto: ao criar uma receita fácil (apenas uns poucos ingredientes), altamente replicável e de consumo imediato, eles conseguiram implementar um controle rigoroso na produção de hambúrgueres que era até então inédito no ramo da alimentação.

Mas o resultado não foi repentino. Anderson levou tempo para chegar à fórmula ideal. Dono de uma série de carrinhos de hambúrgueres na região entre 1916 e 1921 — o que lhe rendeu o apelido de "Rei do Hambúrguer" por um pequeno jornal de Wichita —, ele ficou obcecado por entender como a carne se comportava na chapa, como aproveitar cada segundo do seu trabalho (deixando a mistura de carnes menos espessa, por exemplo) e maximizar o contato da carne com o calor (por isso os hambúrgueres quadrados). Mas talvez a maior contribuição do cozinheiro a esse universo tenha sido mostrar que era possível fazer fast food de procedência reconhecida. Até então, os carrinhos de comida eram vistos como duvidosos ou como algo que deveria ser evitado. Principalmente as carnes, na época, não primavam tanto pela qualidade. O próprio cachorro-quente, por exemplo, passou a ser chamado assim por brincadeira dos estudantes da Universidade Yale, que sugeriam que as salsichas dos carrinhos ao redor do campus eram constituídas em grande parte por proteína canina — tal como no folclore em torno dos nossos espetinhos de gato.

Dentro dos "castelos" de Anderson, a carne era entregue duas vezes por dia e processada em uma sala com uma janela de vidro que permitia que os clientes vissem os cortes moídos sendo misturados antes de passarem para a chapa. O nome escolhido para a lanchonete também foi intencionalmente pensado para evocar essa ideia de higiene e alvura. Quando começaram a expandir as lojas para outras localidades, os sócios optaram por criar uma central em que a carne era processada e controlada. "Um movimento que indicava que Anderson e Ingram detinham um controle rígido dos meios de produção e podiam garantir a qualidade da carne que serviam", acrescenta Michaels. Eles também eram os donos das fábricas que forneciam todos os descartáveis que começaram a ser usados nas lanchonetes. A partir dessa concepção, as redes de fast food que vieram depois deles passaram cada vez mais a investir em padrões de qualidade: processos que lhes possibilitavam eliminar erros (através da linha de montagem), controlar a segurança dos alimentos (supercongeladores, chapas rápidas) e centralizar toda a produção.

Embora a imagem do fast food tenha sofrido muitos arranhões no decorrer das décadas, culminando em uma série de críticas de nutricionistas, gastrônomos e ativistas alimentares, sobretudo por se tratar de uma comida ultraprocessada, alguma coisa permaneceu inalterada na essência de seu sucesso (e justamente por conta desse fator, inclusive): o padrão, algo dificílimo de alcançar em uma cozinha. E todo bom chef sabe disso. Basta comer um hambúrguer em qualquer uma dessas redes hoje e voltar a comer meses depois. Tudo segue inalterado: o sabor idêntico, a mesma textura padrão, a mesma experiência de refeição. Essa constância de saber exatamente o que se vai encontrar numa mordida é o que faz com que as pessoas encarem a fila do drive-thru, voltem para mais uma calórica porção de batatas fritas fresquinhas (nem sempre!) e escolham uma dessas lanchonetes em detrimento das outras dezenas de opções na praça de alimentação de um shopping qualquer.

É claro que o sucesso desse tipo de comida leva em conta muitos outros fatores (a combinação gordura × carboidrato das receitas, campanhas de marketing efetivas, status social, só para citar alguns) conquistados a duras gotas de óleo ao longo de quase um século. Mas se por acaso fosse possível eliminar o caráter essencialmente cultural em torno daquilo que determina a nossa alimentação para focar em uma abordagem da genética evolucionista, entenderíamos que nosso cérebro, em seus sistemas de conexão bem amarrados, é resistente a mudanças e, por isso, busca a repetição, a zona de conforto, aquilo que já conhece. “A mente humana é projetada para criar hábitos e realizar coisas automaticamente, aquilo que consome menos força de vontade e energia mental do que fazer uma escolha livre e autêntica a cada vez”, explica Roy Baumeister, um influente psicólogo especializado em hábito/livre-arbítrio. O mesmo acontece na forma como nos impele a comer. Um estudo feito em 2018 pela Arla Food, uma empresa de laticínios da Escandinávia, revelou que seis em cada dez britânicos comem a mesma comida ou lanches iguais (com pequenas variações) todos os dias. Das 2 mil pessoas ouvidas, 65% disseram não querer se desviar do que sabem que gostam, enquanto 47% alegaram que a repetição se deve à falta de tempo para serem mais, digamos, inovadoras na hora das refeições, sobrando pouca ocasião para pensar no assunto — e até para comer propriamente, o que as faz optar por refeições cômodas e rápidas. Um pequeno universo que mostra que Trump não está sozinho. Ao aperfeiçoar a reprodução dos padrões de um hambúrguer (e de seu habitual consumo), a White Castle deu o tom daquilo que se tornaria o eminentemente bem-sucedido e competitivo mercado de fast food mundial.

Embora seja um consenso que a criação de Anderson tenha sido um marco na indústria de restauração — a primeira fatia de pão que pavimentou tudo o que veio depois (a criação da White Castle foi inclusive eleita como o mais influente hambúrguer de todos os tempos pela revista *Time*) —, demorou quase cinquenta anos para que outra invenção pudesse ameaçar o reinado do sanduíche concebido na White Castle. Foi na ressaca do Verão do Amor que, em uma das franquias do McDonald's, que àquela altura já era uma rede conhecida com quase mil lanchonetes, surgiu aquele que se tornaria o maior símbolo da cultura fast food.

O Big Mac nasceu de uma receita concebida por Michael Delligatti, dono de uma unidade não muito grande na pacata Uniontown, no sudoeste do estado da Pensilvânia, que consistia em empilhar dois hambúrgueres, alface, queijo com blend de cheddar, um molho especial, cebola e picles em um pão assado com gergelim. Imortalizado em um jingle traduzido para dezenas de línguas (e decorado por milhões de pessoas em todo o mundo, numa das mais efetivas ações de marketing já feitas na história), o Big Mac se tornou muito maior que a soma dos sete ingredientes com que foi constituído. Era, já na sua origem, uma obra-prima da indústria alimentícia: mais do que a inteligente combinação de sabores que casam muito bem, foi seu inigualável molho especial e a revolucionária terceira fatia de pão (uma genial proeza da engenharia alimentar, já que ela cria uma outra camada de "estrutura de base", até então nunca pensada em um hambúrguer) no meio de tantas camadas que transformaram o sanduíche na Mona Lisa da alimentação moderna.

Não é exagero: esses dois elementos elevaram a experiência de comer o hambúrguer batizado ao acaso com o nome dissilábico por uma jovem secretária da área de propaganda do McDonald's (a empresa demorou mais de dezessete anos para reconhecer a contribuição de Esther Glickstein Rose para o nome do sanduíche, antes chamado de "The Aristocrat", que não gozava de grande apelo popular, nem é preciso dizer). Mas é na contribuição do coletivo, como bons armadores de um time da NBA, que eles fazem diferença e criam uma outra dimensão de sabor. E o molho é de fato especial nessa função de ser um amálgama que arremata todos eles, além de dar ao sanduíche seu gosto único, imediatamente familiar. A mistura de maionese, *relish* de pepino e mostarda amarela mesclados a um pouco de vinagre de vinho branco, alho em pó, cebola em pó e páprica já não é mais segredo depois que dezenas de fóruns e vídeos surgiram na internet para tentar ensinar a receita, até que o próprio chef executivo do McDonald's e vice-presidente de inovação culinária da rede, Dan Coudreaut, gravou um tutorial no YouTube ensinando a reproduzi-la. O vídeo teve mais de 7,2 milhões de visualizações desde 2012.

Todos os cinco sabores fundamentais reconhecidos pelo nosso paladar — doce, salgado, azedo, amargo e umami — estão ali, ao mesmo tempo brigando e congregando por uma "perfeição absoluta", como diz Coudreaut. "Uma harmonia tão impecável que conseguiu sobreviver à prova do tempo", afirma. Não seria exagero dizer que o molho especial do Big Mac é um clássico da alimentação moderna, tal qual o molho *poivre* para a gastronomia francesa ou o *gravy* para a culinária sulista norte-americana. A receita do sanduíche (e especialmente de seu molho) é tão impecável que se tornou um tipo de benchmark, a configuração perfeita para uma proposição de sabor criada na cozinha do restaurante Joe Beef sobre como compor e temperar uma receita.

Provavelmente o restaurante mais famoso e interessante de Montreal, o Joe Beef foi inaugurado em 2005 pelos sócios David McMillan, Fred Morin e Allison Cunningham, e se tornou o primeiro estabelecimento canadense a fazer parte dessas listas de melhores do mundo. Ele não só mudou o cenário da comida local com montanhas de elogios na imprensa, como também se tornou o primeiro lugar onde qualquer chef quer ir comer quando visita a maior cidade do Quebec. A cozinha do Joe Beef segue uma espécie de "teorema do Big Mac", uma equação cunhada pelos chefs do restaurante que mostra o que uma receita precisa ter. "O Big Mac tem tudo nas quantidades certas", diz Morin. Portanto, há uma lição para ser aprendida a partir do equilíbrio de sabores do sanduíche que traz a perfeição do máximo "deleite" almejado em qualquer criação: não apenas pela mistura ideal de sal, gordura, açúcar, acidez e pimenta, mas também pela intencional temperatura dos ingredientes servidos, a textura de cada uma das partes. É a magistralidade em forma de hambúrguer — em conjunção de sabores, é claro, não em valores políticos e nutricionais, ele ressalta.

No teorema criado por Morin (com a ajuda de um estudante de matemática que foi trabalhar no restaurante), T é o elemento que se busca em uma receita, seu sabor geral (*taste*) que se desmembra em diversas equações (que vão de originalidade até composição de paladar) com cinco constituintes gerais como doce, salgado, gordura, "mordida" (ou como a textura é percebida na boca) e acidez para alcançar o tal "equilíbrio Big Mac". E quando se busca uma receita que tenha o sabor ideal, não é o caso de adicionar a mesma quantidade de cada elemento, mas acrescentar a mesma quantidade *percebida* de cada um deles, que é o difícil de acertar na fórmula: provavelmente "uma pitada de algo versus uma colher de chá de outra coisa", como diz. É uma questão de proporção. Quando se altera um desses cinco constituintes de uma receita, altera-se também a harmonia dela, e isso automaticamente gera uma necessidade de aumentar todos os outros quatro, segundo o teorema, que vale para todo o conceito de cozinhar, seja o que for. "Quando eu preparo lentilhas, deixo que elas se assentem no caldo do cozimento para depois começar a temperá-lo com sal. Mas só o sal vai deixar o caldo salgado, então adiciono algumas gotas de vinagre, que pedem uma pitada de açúcar, uma pitadinha de pimenta-caiena e até um pouco de manteiga, ou, se o caldo já está frio, um fio de azeite e um pouco mais de cada coisa. O resultado são lentilhas que têm gosto de lentilhas que tomaram esteroides", ele diz, exemplificando a complexa química de se chegar ao tempero perfeito. O "teorema do Big Mac" do Joe Beef não é um material acadêmico para ser usado nas salas de aula de gastronomia, mas uma teoria democrática de como a natureza harmônica do sanduíche pode ajudar qualquer cozinheiro, do amador ao profissional, a entender sobre proporções e como o desequilíbrio pode ser fatal numa receita. No caso do Big Mac, essa combinação resulta em um perfil de sabores tão lapidar que o sanduíche já nasceu quase à prova de erros — algo que os exigentes padrões de produção do McDonald's só fizeram abreviar. Em qualquer parte do mundo, um Big Mac é reconhecido na primeira mordida. "É irresistível e irrefreável", Morin afirma.

Segundo dados do próprio McDonald's, 2,4 milhões de Big Macs são vendidos todos os dias em mais de 36 mil lanchonetes da rede espalhados por mais de uma centena de países. Seja num prédio de arquitetura art déco dos anos 1930 com candelabro de cristais e uma escultura de mais de cinco metros de uma águia pousada sobre o letreiro da marca, seja num pagode construído na base de uma montanha com vista para um rio sagrado, cada um desses 2,4 milhões de Big Macs consumidos tem invariavelmente o mesmo sabor. Ao se tornar uma fórmula industrial facilmente reproduzível, o Big Mac se consagrou como a primeira receita essencialmente globalizada do mundo, sendo replicado de forma análoga de Andorra à Tailândia, de Brunei a Malta.

Mesmo que, entre os séculos XV e XVI, aventureiros europeus tenham arriscado a vida no mar em rotas comerciais para o Sudeste Asiático e para as Américas em busca de especiarias, e tenham voltado com navios cheios de outros ingredientes ainda mais valiosos, iniciando uma revolução gastronômica mundial e um intercâmbio global de sabores sem precedentes na história, ainda assim nenhuma criação tinha marcado presença tão ostensiva no mundo quanto o sanduíche criado por Michael "Jim" Delligatti. Nem mesmo a pizza, tampouco o macarrão, pelo qual caiu de amores Marco Polo, o famoso mercador veneziano, antes de torná-lo uma quintessência da cozinha italiana. Isso porque o McDonald's conseguiu espalhar pequenas "fábricas" pelo planeta em um ambicioso plano de expansão iniciado em 1953 (quando a primeira franquia abriu em Phoenix), capaz de criar milhares de sanduíches por minuto feitos da mesma maneira ao mesmo tempo por pessoas com formações, culturas e históricos de vida muito distintos. Algo que a rede já tinha aprendido a fazer bem em território norte-americano: antes mesmo do Big Mac ser introduzido, o McDonald's já tinha batido a marca de mil lojas inauguradas pelo país e conquistado um recorde de

1 bilhão de hambúrgueres vendidos. Mas com o novo sanduíche como carro-chefe, a estratégia de disseminação começou a tomar corpo na década de 1970, com lanchonetes abertas em Tóquio, Amsterdam, Munique e Sydney. Em março de 1988, a rede rompeu a Cortina de Ferro ao abrir uma loja em Belgrado (atual capital da Sérvia), a primeira em uma cidade comunista.

À época, os jornais norte-americanos, pesando nas tintas em um exacerbado nacionalismo típico do período da Guerra Fria, usaram expressões como "McMarxismo" e "vitória do imperialismo" para noticiar a inauguração histórica, que não por acaso foi recebida com frenesi na então Iugoslávia socialista. Havia, nas ruas da cidade, quem dissesse que os tais hambúrgueres, assim como o rock, eram influências capitalistas que desvirtuariam os jovens, o principal público a se aglomerar diante da novidade naquele dia. Com faixas de delimitação ao redor do quarteirão onde fora instalada a lanchonete, nos arredores da praça Slavija, e com um contingente de forças policiais designado para controlar a multidão que se amontoara à porta, a inauguração do primeiro McDonald's na Europa Oriental foi, por todas as contas, a abertura de restaurante de maior sucesso na história de Belgrado: mais de 6 mil pessoas foram atendidas no dia, estabelecendo um novo recorde para a rede na Europa. Ainda por muitos anos, ter uma franquia do McDonald's havia se tornado um motivo de orgulho para os moradores da Europa Oriental (como ainda é, por exemplo, em cidades do interior do Brasil), especialmente para os sérvios. Com o surgimento das tensões entre Croácia e Sérvia antes mesmo do desmembramento da Iugoslávia, os sérvios entoavam gritos de torcida com o nome da rede em partidas de futebol para afrontar os rivais croatas, que não tinham nenhum Big Mac para abocanhar. Muito cantado no final da década de 1980, um deles dizia: "Temos um McDonald's, McDonald's, McDonald's, temos um McDonald's e onde está o seu?". Outras muitas versões (não tão polidas, aliás) foram feitas introduzindo o sanduíche na letra dos versos cantados em provocação à torcida rival.

Mas ter um McDonald's na vizinhança acarretou uma série de percalços, primeiro em Belgrado, depois em outras cidades do território sérvio. O maior deles, talvez, tenha sido a própria dificuldade financeira de gerir a operação ali. As moedas da Europa Oriental, incluindo o dinar iugoslavo, não podiam ser convertidas em dólares. Isso significa que o McDonald's iugoslavo operava praticamente no sistema de troca: na impossibilidade de transações comerciais por uma "incompatibilidade de moedas", restou o bom e velho escambo para a compra de um sanduíche com batatas fritas. Os lucros da franquia de Belgrado, por exemplo, eram transferidos para a corporação do McDonald's não em dinheiro, mas em comida iugoslava, que a empresa usava para abastecer seus restaurantes na Europa Ocidental, numa parceria local estabelecida com a Genex, uma das maiores empresas agrícolas da Iugoslávia, que começara um trabalho de busca de fornecedores três anos antes da inauguração.

Mas nem assim foi possível manter os padrões estabelecidos pelo McDonald's em suas receitas: faltavam suprimentos necessários para replicar as criações da marca. Embora a carne tenha sido encontrada com abundância na região dos Bálcãs, não era possível reproduzir o ketchup, condimento símbolo da comida feita pelo McDonald's. "Temos extrato de tomate, purê de tomate, molho de tomate, mas nada no mercado que se assemelhe ao ketchup", disse à época Gara Stevanovic, diretor de compras para o McDonald's a um periódico local. "Estamos com dificuldade de chegar ao dulçor ideal do molho." Curioso é que, décadas depois, o ketchup caiu no gosto dos sérvios, que invariavelmente encharcam a comida, de pizza a macarrão, com enormes quantidades do molho vermelho, uma forma bem americana de domesticar todo tipo de comida. Trump aprovaria.

***

Catorze anos antes de as transferências bancárias internacionais serem restabelecidas na Sérvia, o Big Mac, hambúrguer que se tornou símbolo máximo do capitalismo, já tinha entrado para a história da economia. E não pelos milhares de unidades vendidos ou pelos lucros que já tinham rendido aos cofres do McDonald's (ele segue como o campeão de vendas na maioria dos países), mas por ter se tornado um índice para balizar a (des)valorização das moedas internacionais no macrocenário econômico. Criado em 1986 pela revista *The Economist*, a mais importante do setor, o Índice Big Mac, como foi batizado, leva em conta até hoje os preços do mais famoso sanduíche do planeta em diversos países e, baseado neles, exibe uma radiografia do custo de vida em cada um deles.

Como o Big Mac consiste nos mesmos ingredientes em qualquer lugar, é possível observar essa variação através desses itens. Ainda que tenha sido um índice criado meio de brincadeira na redação, ele passou a ser levado mais a sério no mercado do que a própria revista podia supor. A ideia da editora da revista, Pam Woodall, vendo que os Big Macs estavam em praticamente todo o planeta em meados dos anos 1980, foi a de que eles poderiam ser o grande equalizador do poder de compra. Bastava ligar para os McDonald's de todo o mundo e, pelo preço de um Big Mac em cada país, tabular toda a pesquisa em um índice Big Mac anual (que depois se tornou semestral). Ainda hoje, os jornalistas da revista pesquisam os preços do Big Mac em vários países e os convertem em dólar. Assim é possível ver que o preço do hambúrguer, que deveria hipoteticamente ser o mesmo (já que tem os mesmos ingredientes, afinal), oscila muito de acordo com localização e época — após uma crise econômica, por exemplo. Quando os produtos de alguns lugares parecem baratos se comparados a um determinado país, por exemplo, isso significa que a moeda desse tal país está em desvalorização (ou que a dos outros está mais valorizada).

Segundo a própria revista, trata-se de "um guia descontraído para saber se as moedas estão no nível 'correto'". O BMI (Big Mac Index) baseia-se na teoria da paridade do poder de compra, ou seja, na noção de que no longo prazo as taxas de câmbio deveriam acompanhar a taxa que equaliza os preços de uma cesta idêntica de bens e serviços (neste caso, um hambúrguer) em dois ou mais países. Apesar de não se propor como um indicador preciso do desalinhamento da moeda, mas como um instrumento para tornar a teoria da taxa de câmbio mais acessível para o público em geral, o BMI se tornou um padrão usado em muitos livros de economia e em centenas de artigos acadêmicos. Era a prova definitiva para colocar o McDonald's como um forte indicador do desenvolvimento do capitalismo global, mostrando quão amplamente a marca se espalhou e se tornou fortemente identificada com o progresso econômico, expandindo ainda mais sua atuação em outros países. Em fevereiro de 1996, dez anos depois de chegar à Europa Oriental, a primeira loja da rede foi por fim inaugurada na Croácia, na capital Zagreb, com festa, segundo o diário *Slobodna Dalmacija*, mas nada que se assemelhe à abertura de Belgrado. Em 2018, porém, o país atingiu a marca de trinta lojas da rede em seu território, contra 29 abertas na Sérvia. Enfim, um Big Mac já podia ajudar a desentalar o grito de resposta preso na garganta dos croatas.

2.
Carpaccio de cérebro

Na longa e irrefreável curva da evolução humana, 1,5 milhão de anos são equivalentes a uma curta fração da nossa vida. O equivalente, vá lá, à nossa adolescência: aquele período que se inicia com a repentina percepção de que não somos crianças e que acaba antes mesmo de estarmos prontos para agirmos de fato como adultos. Pois foi nesse "brevíssimo" espaço de tempo que o cérebro humano, tal como o conhecemos, desenvolveu-se bastante rápido: triplicou de tamanho (chegou a 1,4 mil cm^3, o volume de uma bola daquelas usadas na ginástica artística), deixando para trás na corrida evolutiva nossos primos primatas, tal como os gorilas e orangotangos, com seus cérebros que se mantiveram do mesmo tamanho durante milhares e milhares de anos. Acumulamos 86 bilhões de neurônios no córtex cerebral — algo inigualável a qualquer outra espécie sobre a Terra — que nos permitiram avanços extremos e inéditos: melhorar nossas capacidades de raciocinar de modo lógico, criar tecnologias, pensar no futuro, estudar a nossa própria espécie (e as outras) e nos deslocarmos para onde quisermos — até mesmo para fora do nosso próprio planeta. O hardware mais avançado de todo o mundo animal devidamente instalado dentro de nossas caixas cranianas. O último lançamento em processador de sinapses.

Parece unânime hoje que o ponto determinante para esse salto na nossa evolução foi a capacidade que adquirimos de cozinhar: algo que a nossa espécie, e somente ela, desenvolveu com habilidosa destreza nesses mais de 1 milhão de anos para cá. (Ainda que um estudo realizado há três anos no Santuário de Tchimpounga tenha mostrado que os chimpanzés possuem certas habilidades cognitivas necessárias para cozinhar, entre elas o gosto pelos alimentos cozidos, uma dose de paciência e capacidade de previsão, isso não fez deles cozinheiros, como nós.) E essa nossa capacidade surgiu antes mesmo de descobrirmos o fogo. Cozinhar, no sentido mais amplo e genérico possível do termo, indica qualquer transformação provocada em um alimento antes de ingeri-lo — justamente com o objetivo de facilitar a sua ingestão. Isso significa que começamos a "cozinhar" quando nossos ancestrais desenvolveram as primeiras ferramentas feitas de pedra, ainda no Paleolítico, que lhes permitiu arrancar a pele dos animais, dilacerar sua carne, cortar vegetais ou até esmagar raízes que encontravam. Todo tipo de processamento prévio à ingestão, portanto — o ato de manipular o alimento em vez de comê-lo cru, in natura. O *Homo* só se tornou *sapiens* porque aprendeu a ser *culinarius*.

A constatação desenvolvida acima é obra da neurocientista brasileira Suzana Herculano-Houzel, que levou mais de uma década de estudos dissecando, medindo e contando as células de cérebros de mais de trinta espécies distintas para concluir (entre muitas outras coisas) que a grande vantagem humana sobre as outras espécies constituiu-se nesse providencial truque evolutivo: cozinhar.

Com cabelos levemente ondulados na altura dos ombros e expressivos olhos castanhos quase sempre emoldurados por óculos de armação sem aro, Suzana tem fala baixa e pausada e responde sempre de forma objetiva e bastante sucinta. Os anos como professora adjunta no Instituto de Ciências Biomédicas (ICB) da Universidade Federal do Rio de Janeiro e a chefia do Laboratório de Neuroanatomia Comparada na mesma faculdade a ajudaram a desenvolver o lado, digamos, pedagógico de lidar com os alunos com os quais trabalhou desde 2004 — até se mudar, em 2016, para a Universidade Vanderbilt, em Nashville, no Tennessee, onde hoje é professora associada dos departamentos de Psicologia e de Ciências Biológicas, que abrigam seu novo laboratório.

Ainda que, hoje, com melhores condições e mais recursos nos Estados Unidos do que tinha no Brasil, o trabalho dela continua sendo essencialmente o mesmo dos tempos do Naco — o acrônimo com que foi batizado informalmente o seu laboratório brasileiro e que, pela sua atividade, carrega até certa dose de ironia a respeito do que era feito ali: ao contrário dos métodos tradicionais de contagem de células, que trabalham com cérebros cortados em fatias finas "tal qual carpaccios submilimétricos", como ela diz, Suzana e sua equipe usavam uma maneira própria que ela desenvolveu para chegar nos resultados que queria: dividiam os cérebros (de elefantes, tigres, girafas, jacarés...) em pedaços maiores (os tais nacos) e os misturavam a uma substância química até que se transformassem em uma "sopa" — "mas não a do tipo que se pode comer", brinca —, para então contar as células.

Anos de cortes com o facão na massa cerebral, que tem uma textura próxima a de uma barra de manteiga — e até mesmo com um fatiador industrial de frios que ela comprou para facilitar a tarefa, daqueles comuns de padarias, de onde saem finas fatias de mozarela ou salaminho hamburguês —, permitiram que Suzana chegasse a uma técnica bastante precisa de contagem de células dos cérebros: a tal sopa, embora destrua as células, preserva seus núcleos, o que facilita a apuração final, e ainda permite diferenciar quais são os neurônios. Foi a contagem mais certeira que ajudou Suzana e sua equipe a entender por que, afinal, cozinhar mudou radicalmente o jogo da nossa evolução.

Pelas contas, nossos 86 bilhões de neurônios — e não 100 bilhões, como costuma ser apregoado em muitos livros de neurociência — e nosso corpo médio de setenta quilos exigem um consumo energético de muitas calorias por dia: cerca de 2500, no caso de um homem adulto. Se não tivéssemos aprendido a cozinhar e mantivéssemos a dieta crua dos nossos primos primatas, teríamos que passar diariamente 9,5 horas nos alimentando: ou seja, buscando alimento, mastigando e digerindo.

O resultado matemático foi possível de se estabelecer em comparação com outros primatas não humanos, que chegam a mais que o dobro do nosso peso, têm um cérebro com menos da metade de neurônios que o nosso e se alimentam basicamente de dezoito quilos de vegetais por dia, como no caso dos gorilas, por exemplo. Para ingerir — e, principalmente, digerir — essa quantidade de alimento, é preciso que eles passem cerca de 7,5 horas diárias (observadas e devidamente registradas por pesquisadores e primatólogos) arrancando galhos de árvores, tentando encontrar frutos, mastigando, percorrendo novas áreas em busca de mais e mais comida. Algo que lhes custa, inclusive, perda de peso, por todo o esforço que despendem para todas essas tarefas.

Eles vivem no limite prático nesse tempo: mais uma hora que fosse, não teriam condições de realizar outras tarefas indispensáveis para a sobrevivência — defecar, descansar, dormir o suficiente. Já nós não teríamos durado na escala evolutiva se gastássemos 2,5 horas a mais que os gorilas buscando o sustento básico do nosso corpo (incluindo aí nosso cérebro, que exige em média quinhentas calorias diárias para se manter em pleno funcionamento). Cozinhar nos permitiu ingerir muito mais calorias em muito menos tempo, o que nos liberou para desenvolver outras atividades mais, digamos, complexas — interpretar símbolos, desenvolver tecnologia e constituir a linguagem etc.

Primeiro como caçadores-coletores, passamos a poder empregar menos horas do dia buscando alimento e comendo, assim transformando de modo drástico nosso aporte calórico. Com o domínio do fogo possivelmente há cerca de 1 milhão de anos (a datação mais antiga é de 1,7 milhão de anos, ainda que a adotada mais amplamente date de 790 mil anos, graças a indícios de fogueiras encontradas por arqueólogos ao redor do mundo), tudo se transformou de forma ainda mais radical em nossa trajetória. No fogo, os alimentos não têm apenas a sua química alterada, mas também a sua biologia. O calor ainda é capaz de eliminar microrganismos que infestam os alimentos e que poderiam ser prejudiciais à nossa saúde, levando a uma série de contaminações e doenças, quem sabe fatais. Também ele tornou mais fácil mastigar e digerir todos os tipos de comida. Outra consideração importante levantada pelos cientistas é que para desenvolvermos esse domínio foi necessário mobilizar valiosas percepções cognitivas para entender que submetê-los ao fogo era melhor e facilitava a digestão.

Alimentos que os humanos não conseguem digerir em sua forma natural — como é o caso de grãos, como o trigo, o arroz e o milho, e até mesmo a batata, que juntos representam 60% de todo o sustento do planeta — só puderam ser incorporados à nossa alimentação por causa do fogo, que nos permitiu desenvolver o cozimento, a mais importante descoberta para o nosso salto evolutivo, como defende o primatólogo britânico Richard Wrangham, da Universidade Harvard. Para ele, a troca da dieta crua pela ingestão de alimentos cozidos foi o fator determinante que definiu a humanidade. E o que nos possibilitou nos alimentarmos suficientemente em duas horas por dia — ou bem menos que isso, em alguns casos.

Os franceses de hoje passam um pouco dessa projeção. Estão entre os povos que mais despendem seu tempo comendo e bebendo, num total de 2h13 diariamente — outros países do Mediterrâneo, como Itália, Grécia, Espanha e Portugal não ficam muito atrás, com médias acima das duas horas diárias. A conclusão é de uma pesquisa feita pela Organização para a Cooperação e Desenvolvimento Econômico (OCDE), órgão internacional representado por 37 países que seguem os princípios da democracia representativa e da economia de mercado. O trabalho da OCDE é fornecer uma plataforma de dados e estimativas para comparar políticas econômicas — como é o caso do tempo gasto em alimentação nos países que a representam.

No caso da pesquisa, estão relacionados ainda países asiáticos (China, Japão e Coreia do Sul), Austrália, África do Sul, México, entre outros. A média geral é de 1h31 — a metade do que era gasto há cinquenta anos. Na América do Norte, o tempo para as refeições é ainda menor: nos Estados Unidos, a média diária por indivíduo é de 1h02 para se fazer todas as refeições, incluindo café da manhã, almoço, jantar e eventuais lanches durante o dia. O advento da indústria de alimentos processados e da própria cultura fast food permitiu acelerar consideravelmente o tempo gasto escolhendo, mastigando e deglutindo a comida — o nosso *fast forward* dos momentos de refeição.

No tempo que lhe sobrava entre uma refeição e outra, Dick McDonald, o mais novo e engenhoso dos irmãos que dariam nome a uma nova e globalizada cultura alimentar, só queria saber de usar seus 86 bilhões de neurônios para aperfeiçoar o negócio que tinha constituído com o irmão Maurice em San Bernardino. Aberto como uma lanchonete drive-in como inúmeras na época (no final dos anos 1940, eram dezenas delas espalhadas só na Califórnia, onde tudo começou para os irmãos), o McDonald's tinha movimento considerável, mas estava longe do que Dick queria para o negócio da família — e mais longe ainda do que o McDonald's viria a se tornar muitos anos depois.

"Enquanto o drive-in representava a crescente centralidade do carro para a vida norte-americana, o negócio dos irmãos estava sobrecarregado dos costumes das lanchonetes da era pré-automotiva", descreveu o escritor e historiador da alimentação

Joshua Ozersky: facas, garfos, pratos, um cardápio grande, carnes defumadas lentamente, tudo o que tornava o fluxo muito mais moroso... Ironicamente, também, a maioria dos clientes não chegava dirigindo um automóvel: adolescentes rebeldes, "baderneiros de todos os tipos", segundo o próprio Dick, e outros tipos que menos aumentavam o consumo da casa e mais retardavam o constante trânsito das jovens garçonetes em seus patins — também elas mais interessadas em tirar o atraso com os proprietários dos veículos que paravam ali do que em servir hambúrgueres com rapidez, vale dizer. Na primeira lanchonete da rede que se tornou sinônimo do termo "fast food" no mundo todo, a comida invariavelmente levava mais de meia hora para chegar ao cliente.

Dick resolveu mudar a estratégia. Fecharam a lanchonete por um tempo e, numa tarde de outono, ele levou os funcionários e o irmão para uma quadra de tênis em San Bernardino a fim de representar ali a nova configuração que havia desenhado para a cozinha. A ideia era simular o novo fluxo de trabalho visando um só objetivo: agilidade. Mudanças e mais de quatro horas de ensaios depois, eles tinham o formato perfeito para diminuir o tempo de preparo de tudo. A transformação também ocorreu em todos os níveis do negócio: com o afastamento das garçonetes de patins, os clientes teriam que fazer o pedido na janela, de frente para a cozinha aberta. No lugar da louça e dos talheres metálicos, os lanches passaram a ser embrulhados em papéis, que eram aproveitados na hora de comer o hambúrguer, sem a necessidade de tanto guardanapo e, concluída a refeição, o próprio cliente podia descartar seu lixo, o que possibilitava a redução do número de funcionários.

Mas foi mesmo na cozinha que o "jogo virou", como bem observou o próprio Dick. Com foco em velocidade, ele criou o que os irmãos McDonald chamavam de "Serviço Speedee", adotado ainda em 1948 — que envolvia a eliminação sumária de tudo o que pudesse atravancar o fluxo na lanchonete.

A primeira medida foi reduzir o cardápio e tirar dele toda a comida mexicana, o churrasco assado por horas em baixa temperatura ou qualquer coisa comestível que levasse mais de um minuto para ficar pronto. Naquela época, 87% das vendas eram concentradas em apenas três itens: hambúrguer, batata frita e refrigerante. Tudo além disso foi varrido do cenário.

Dois cozinheiros cuidavam somente da grelha: tinham que virar os hambúrgueres cronometrados por um timer na mão direita de Dick — não mais de doze segundos de cada lado. Na estação ao lado, assistentes abriam o pão, enquanto outros colocavam sobre ele duas fatias de picles; com a ajuda de uma ferramenta de alumínio em formato cilíndrico, outro funcionário despejava um *shot* de ketchup e mostarda por cima. A ferramenta é uma das provas da engenhosidade de Dick: desenhada por ele mesmo e feita sob medida para a lanchonete, tinha um gatilho que, acionado com o polegar, vertia sempre a mesma quantidade dos molhos sobre o pão — com pequenos furos na parte inferior, à menor pressão do dedo do operador, o ketchup tingia o pão como uma catapora: exatas cinco manchas vermelhas circulares. Ao receber o hambúrguer por cima, com o peso da carne (de oitenta gramas, à época), as gotas do molho se espalhavam, ajudando a esparramar o ketchup por todo o pão — o mesmo era feito com a mostarda, o que poupava alguns segundos (e um funcionário) para espalhar os molhos manualmente, dando um pouco mais de agilidade ao processo.

Com todas as mudanças que tinham feito, os irmãos reabriram o novo McDonald's dois meses depois, naquele mesmo ano de 1948, e conseguiram reduzir o tempo da produção de um hambúrguer "de trinta minutos para trinta segundos", como costumava dizer Dick McDonald, e fazer isso a um custo de quinze centavos de dólar por unidade. Não era uma força de expressão: o hambúrguer demorava exatamente esse tempo da grelha ao balcão (o timer na mão de Dick nunca se enganava). Ainda que não tenham de fato sido os pioneiros a implementar o modelo de linha de produção numa lanchonete nem inaugurado o conceito de fast food, o que os irmãos McDonald fizeram com o modelo de negócios que (re)criaram na pequena San Bernardino foi dar um novo sentido ao "fast" da expressão, algo pelo qual ficaram mundialmente conhecidos. Comida rápida nunca foi a mesma depois deles. Por muito tempo esse se tornou o maior atributo, o maior motivo de orgulho e, mais tarde, o maior peso para o McDonald's como rede.

Demorou seis décadas para que o sistema criado pelos McDonald fosse por fim atualizado para a era digital. Custou muito mais tecnologia, vasto conhecimento em engenharia mecânica e uma boa noção de robótica. A Creator é uma hamburgueria gourmet muito diferente daquela da esquina: literalmente, "um novo conceito em hamburgueria", poderia defender seu criador, Alex Vardakostas, sem parecer tão forçado na autopromoção. Fica em San Francisco, o celeiro de boa parte da inovação tecnológica mundial de hoje, onde um sistema robótico preparar, cozinhar e montar o seu hambúrguer soa tão natural quanto apertar um botão para tomar um café. Os cozinheiros agilizados do McDonald's deram lugar a uma engenhoca nunca antes posta em prática no mercado de fast food — e que pode estar ajudando a redefinir o futuro da comida efetivamente rápida. Uma invenção que levou mais de nove anos para ser gestada, tempo demais para um mercado em que cada segundo vale muitas mordidas.

Nascido de pai grego e mãe iraniana, Alex Vardakostas se acostumou cedo com o ambiente de lanchonetes: seu pai Angelo trabalhou como garçom em algumas até juntar dinheiro para comprar a própria, no começo dos anos 1970. Batizada de "A's", em alusão à primeira letra de seu nome — o nome original do negócio era "Archie's", mas ele preferiu dar sua identidade à casa, salvando uma das letras do luminoso, para não ter que gastar com isso —, a lanchonete ficava em Downey, na Califórnia, coincidentemente há alguns quilômetros da primeira loja da rede de fast food Taco Bell. Foi ali que o progenitor dos Vardakostas conheceu Maheen, que se tornaria mãe de Alex e de seu irmão, George.

Foi no ambiente engordurado da A's, entre pilhas de pães de hambúrguer, que ele começou a trabalhar, grelhando os discos de carne e desviando alguns lanches já prontos para seus amigos da escola, onde já demonstrava seu interesse por alguns conceitos de física. Depois do ensino médio, conseguiu cursar essa disciplina na Universidade da Califórnia em Santa Barbara: passava o intervalo estudando dentro de sua Mercedes usada, devidamente estacionada de frente para a praia, em geral relendo os livros de mecânica quântica e eletromagnética e ignorando as ondas do Pacífico. Foi nesse período que teve pela primeira vez a ideia de uma cozinha inteiramente robótica — uma possível salvação para o trabalho extenuante dos pais.

Em 2007, depois de se formar, não parava mais de pensar nisso, mesmo nas horas em que passava trancado dentro do escritório da empresa de automação em que trabalhava. Não durou muito: dois anos depois, largou o emprego e, de volta à casa dos pais, passou a usar a garagem como laboratório, seguindo o caminho dos gênios da Califórnia, que incubaram empresas do porte da HP e da Apple onde deveriam ser guardados os modernos Chevrolets e Fords de então. O primeiro protótipo criado por ele foi um fatiador de tomates, produzido com investimento inicial de 25 dólares, juntando tubos de PVC, um conjunto de chaves hexagonais e algumas ripas de madeira. Em 2010, o protótipo começava a ganhar forma. Vardakostas se uniu a Steven Frehn, engenheiro mecânico graduado em Stanford; juntos, eles fundaram a empresa de robótica Momentum Machines para aperfeiçoar a "besta", como a chamaram, carinhosamente.

Com a empresa, vieram os investidores — chegaram a receber um cheque de 50 mil dólares de um deles, que ficou impressionado com o robô capaz de preparar o hambúrguer que saía de uma máquina, sem qualquer intervenção humana, e instalado informalmente na garagem dos pais de um garoto do sul da Califórnia. A aposta era combinar a eficiência, a consistência e a rapidez da robótica com técnicas de alta gastronomia para fazer hambúrgueres a preços populares — os primeiros da Creator foram vendidos a seis dólares (um do McDonald's podia custar menos de um dólar), quando a lanchonete foi inaugurada, em julho de 2018, conquistando críticas efusivas na imprensa: "O hambúrguer mais fresco da Terra", "um excelente molho".

A máquina robótica, montada no meio do salão, tem um quê de cozinha dos *Jetsons*, um jeitão de abertura do *Castelo Rá-Tim-Bum*. Mas a pintura branca e a madeira clara de sua estrutura de linhas arredondadas, com design que mistura o da Ikea e o da Apple, dão um certo ar mais reconfortante ao espetáculo, que fica à mostra do início ao fim através de um vidro instalado em toda a sua extensão. É uma máquina do futuro, abrigada em um ambiente minimalista e hipster. Por pressão do ar e gravidade, o pão de brioche passa por uma lâmina afiada que o corta ao meio. Em seguida, sobre uma esteira, ele percorre a estrutura principal da máquina onde tubos cilíndricos transparentes despejam quantidades calculadas de molhos: ketchup, mostarda, maionese... O pão é, então, sobreposto por fatias de tomate, cebola e picles, todos cortados na hora (para não sofrer nenhum tipo de oxidação), e depois recebem um montinho de alface orgânica recém-picada. O queijo é ralado e derretido imediatamente em um sopro de calor. Pela câmera a vácuo, o robô mói e molda a carne (de peito e de paleta bovina) em hambúrgueres de 140 gramas, e um braço mecânico os coloca em uma grelha aquecida a 180°C, de onde saem ao ponto, prontos para serem dispostos sobre a fatia de pão. O pedido é feito via aplicativo, que pode ser personalizado ao gosto do cliente (algo que já passou a ser adotado em outras redes, como o próprio McDonald's, com seus terminais eletrônicos e telas enormes).

A máquina da Creator foi concebida não para melhorar a eficiência dos funcionários (que se livrariam de ações repetitivas na cozinha de uma lanchonete, como os movimentos com a espátula sobre a grelha, ainda repetidos pela mãe do físico engenhoso na cozinha apertada do A's), mas para eliminá-los, como Vardakostas defende. A afirmação pegou mal até mesmo no Vale do Silício, que costuma estar à frente dessas discussões que envolvem a substituição dos homens pelas máquinas. Ele não parece muito preocupado, desde que atinja seu objetivo: revolucionar o próprio modelo de fast food. Para isso, a Momentum se negou a vender máquinas para outras grandes redes mundiais, mantendo assim a tecnologia em suas próprias lanchonetes. A Creator também associou sua marca a chefs conhecidos na região da Bay Area, como Arun Gupta e Anthony Myint, para ganhar mais credibilidade gastronômica.

Vardakostas acredita que os robôs tendem a ser bem mais eficazes para ampliar a atuação do seu negócio pelos Estados Unidos (e pelo mundo todo, depois) e para oferecer hambúrgueres com muito mais qualidade (feitos com ingredientes provenientes de fazendas agroecológicas regionais) e a um preço mais acessível para o grande público. A máquina que ele desenvolveu é capaz de preparar, do zero, 120 hambúrgueres por hora. Atualmente, o objetivo é aperfeiçoar o robô para fazer um hambúrguer em menos de trinta segundos. Algo que beira a "velocidade da luz" até mesmo para a indústria do fast food, acostumada com muita rapidez, sim, mas nunca a ponto de fazer todos os processos (de cortar o pão a moldar e grelhar a carne e ainda derreter o queijo) em tão curto intervalo de tempo.

Mas a ideia de preparar nossos alimentos priorizando a rapidez é algo que sempre revirou o estômago de ativistas da alimentação, fazendo com que quase entalassem com os legumes orgânicos de pequenos produtores familiares que levam à boca — a simples menção das palavras "fast food" pode lhes causar reações ainda mais extremas. Quando o jornalista e escritor norte-americano Michael Pollan listou as suas 64 "regras da comida", publicadas em um livro homônimo que se tornou best-seller em alguns países (no qual, curiosamente, a 17ª indicava: "Só coma alimentos que tenham sido preparados por humanos", o que descartaria os hambúrgueres de Vardakostas), a mais clara dentre elas pregava simplesmente: "Coma devagar".

O sentido defendido por Pollan, que se tornou uma das mais combatentes vozes com discurso afiado sobre como é necessário pensar um sistema alimentar alternativo ao que hoje se impõe no mundo todo, dominado pelo agrobusiness, por grandes indústrias e alimentos processados, ia muito além do ato de mastigar e deglutir a comida — que somente deve ser engolida após cerca de quarenta mastigadas, segundo especialistas, a depender do tamanho da porção que se leve à boca e da textura do que se está ingerindo. No caso dos fast foods, a comida é sempre mole exatamente para diminuir o número de mordidas e, por consequência, do tempo gasto com elas. Mas o devagar, para Pollan, tem um significado muito mais amplo, que está relacionado também à escolha do alimento, à forma como ele foi cultivado, colhido e então preparado. Pressupõe, sobretudo, um estado de atenção, de dedicar tempo a comer (e cozinhar) de verdade — o que a atual "geração gratidão" chamaria de *mindfulness* ("atenção plena").

Mas não era a primeira vez que as palavras "devagar" e "comida" eram conjugadas em busca de um sentido de transgressão alimentar que considerasse tudo em relação ao alimento, das pessoas que o plantam aos lugares em que são plantados,

dos processos às suas implicações culturais e sociais à mesa — e fora dela. No verão de 1986, surgia na Itália um movimento que influenciaria a alimentação de um considerável número de pessoas no mundo todo (em 160 países, para ser mais preciso), unindo justamente os dois termos: o Slow Food, hoje conhecido no mundo todo, surgiu em "reuniões de um círculo fechado de idealistas", como define Carlo Petrini, um de seus fundadores e atual presidente internacional.

Petrini é um senhor alto e garboso, de voz grave mas acolhedora, que nasceu em Bra, no Piemonte, onde estudou sociologia e jornalismo antes de se tornar um ativista da alimentação. A barba branca e os olhos ligeiramente caídos nas laterais dão a ele um ar um tanto amoroso, ainda que por estar sempre rodeado por assistentes e discípulos possa parecer aquele tipo de acadêmico inacessível e um tanto egoico. O fato é que Petrini é um homem de discurso convincente e de oratória bastante invejável. É difícil sair de uma de suas palestras sem começar a olhar diferente para o que se come ou com uma vontade instantânea de começar uma horta — e talvez com um pouco de vergonha do que se mantém na despensa de casa.

"Naquele abril de 1986, novas conexões se desvelaram para nós, autodidatas da gastronomia, apaixonados pela cultura material e pioneiros reivindicadores do direito ao prazer", escreveu ele no livro *Comida e liberdade*. Meio questionadores, meio bons vivants, os primeiros fundadores do Slow Food eram gastrônomos (ainda não existia o temível termo *foodie* à época) que "vagavam pelas cantinas italianas" e defendiam uma contraposição a uma ideia de homologação alimentícia. O desejo comum daqueles intelectuais da comida era rejeitar o prazer como fim em si, dizer não a um mero ato hedonístico em torno da mesa. Enfim, tentar compreender a comida além do termo "gastronomia".

A gota que fez transbordar a vontade de se fundar o movimento veio das lágrimas de Beppe Colla, então presidente do consórcio que tutela a produção dos vinhos Barolo e Barbaresco, regiões de denominação da produção vinícola no norte da Itália. Através de seu trabalho na vinícola Prunotto, no Piemonte, Colla literalmente definiu o que o Barolo é hoje: um dos vinhos mais aclamados no universo daqueles que sabem distinguir uvas pela cor da bebida e que giram taças em busca de notas sensoriais que eu e provavelmente você nunca seríamos capazes de definir. O choro de um dos maiores nomes do vinho italiano, transmitido em cadeia nacional na Itália, era um misto de vergonha, decepção e incredulidade.

Colla chorava pelo vinho adulterado, escândalo de repercussões mundiais que denunciou cerca de trinta produtores do norte da Itália pela adição de metanol em seus rótulos (numa tentativa de aumentar a graduação alcoólica), levando a 26 mortes por ingestão da bebida, além da internação de outras dezenas de pessoas no hospital. O episódio, que veio à tona em 1986, causou uma mácula na imagem do vinho italiano no mercado mundial, com bloqueios nas alfândegas e um baque de 37% nas exportações do país naquele ano. Reverter a tragédia daria muito trabalho e, sobretudo, levaria tempo. Colla sabia disso, justificando o pranto em frente das câmeras por cerca de sete minutos (tempo suficiente para se preparar catorze hambúrgueres do McDonald's, aliás).

O episódio fez com que o vinho italiano tivesse, cada vez mais, que se apoiar na ideia de localidade e na imagem de camponeses que plantam suas uvas e produzem seus vinhos, da forma mais artesanal possível — qualquer semelhança com a nova produção agrícola de hoje não é mera coincidência. Ao exaltar o sucesso do território e das pessoas como parte integrante do valor do produto, o vinho italiano voltou, aos poucos, a recobrar sua confiança no país e no mercado internacional, e despertou o interesse dos precursores do Slow Food a adotar uma maneira de valorização semelhante para outros alimentos, como o prosciutto, o pão, o queijo e as hortaliças. A ocupação deles, à época, era organizar degustações comparadas da mesma forma que se fazia com os vinhos: levavam-se os produtores a apresentar seus produtos diante do público — entre gastrônomos e curiosos, que se inscreviam nos eventos em busca de boas refeições. Frequentar apenas os bons restaurantes já não bastava, era preciso ir a campo, literalmente.

A maneira de valorizar o produtor e o fruto do seu trabalho na lavoura fez crescer um sentimento poderoso e libertador dessa nova forma de convivência, mais profunda, que acabou por mobilizar centenas de pessoas, não só na Itália, mas no mundo todo. O Slow Food deixou de ser uma filosofia de um grupo de pequenos burgueses e se converteu em um movimento, uma rede, que foi se alastrando aos poucos nos anos seguintes. Em 2001, o *The New York Times*, que já tinha se referido ao grupo como um movimento de "ecogastrônomos", publicou uma reportagem que trazia uma definição mais detalhada que ajudou a explicar ao público geral do que se tratava o Slow Food, que naquele ano começava a ganhar corpo também nos Estados Unidos. "É a versão gastronômica do Greenpeace, uma determinação rebelde para salvaguardar os alimentos não industrializados e que requerem grande investimento de tempo, para evitar que sejam varridos do mapa culinário", escreveu o jornalista Lawrence Osborne, que elucidava ainda que, ao contrário de outros movimentos, o ativismo do Slow Food não tomava as ruas, mas incentivava seus membros a "degustar repolhos orgânicos e a debater os prazeres da trufa em suas cozinhas".

O Slow Food pregava valorizar o trabalho do homem, a diferenciação dos tipos de alimentos, suas épocas, o seu terroir: "Uma experiência sensorial concreta e consciente, uma oportunidade de conhecimento de técnicas e do contexto cultural em que nascem um produto alimentar, um vinho, um prato", como descreve o *Dizionario de Slow Food*, publicado um ano depois, em busca de uma definição própria e oficial da rede. Nem tanto um ato hedonístico, nem tanto uma prática acadêmica. "O movimento nasceu em contraposição a uma ideia de que pessoas em todas as cidades do mundo pudessem ter a mesmíssima refeição, sempre igual, como é o caso das cadeias de fast food", me disse Petrini em uma das vezes que o encontrei.

A adoção do termo *slow* em contraposição ao *fast* nunca teve só a ver com o tempo — que Petrini sempre considerou uma maneira de pensar mecanicista, como se o alimento em si pudesse ser avaliado em função do quanto é necessário para que seja preparado, transformado ou até consumido (algo que as próprias redes de hambúrgueres e outras fast foods sempre trataram de ostentar). Mas ele admite que isso sempre deu margem a confusões. Petrini conta que, não por acaso, quando visitavam países não anglófonos para promover o Slow Food, ainda no início, costumavam ser questionados se ficavam sentados horas à mesa ou se era preciso cozinhar apenas receitas longas e complicadas para aderir ao grupo. "Nunca foi sobre isso", me disse ele. "Nós nunca nos classificamos somente em oposição ao fast food, sempre quisemos trabalhar com a qualidade da comida, cultivando-a junto dos produtores que dela faziam uma bandeira e um estilo de vida."

Não é exagero dizer que o culto aos produtores que hoje tomou os cardápios dos grandes restaurantes, e até as campanhas publicitárias de muitos produtos da própria indústria de alimentos, tenha suas raízes nessa filosofia criada pelo Slow Food. Não fossem os "autodidatas da gastronomia" — que elevaram o discurso do papel do camponês e do alimento como instrumento de libertação, criando uma rede ainda hoje influente, mais de três décadas depois —, dificilmente expressões como "alimento proveniente de agricultura familiar" e "cultivado por pequenos produtores" ainda estariam tão em voga. E sendo usadas, quem diria, até mesmo por algumas cadeias de fast food. Ao que tudo indica, para as campanhas de marketing, a agilidade no serviço não é necessariamente antagônica ao cuidado vagaroso na produção.

Numa sala improvisada como *backstage* de um congresso de gastronomia em São Paulo, sentado em um sofá azul-marinho baixo, que deixa seus joelhos quase na altura dos ombros, Petrini me aguarda para mais uma entrevista. A assessora avisa: tenho vinte minutos para falar com ele — o suficiente para um almoço completo, se estivéssemos nos Estados Unidos. Mas só quero saber o que ele acha que mudou no conceito mestre que rege o movimento nesses trinta anos. Ele para por alguns segundos e pensa como se tivesse o dia todo para isso. "Nesse momento, acho que queremos pregar sobretudo pela origem do alimento, de onde vem a matéria-prima. No princípio, essas perguntas não estavam tão fortes, rastreabilidade era um conceito mais secundário. Hoje diria que o principal é saber a quantos quilômetros um alimento foi produzido, quão perto ele está de nós, porque isso diz muito sobre sua forma de produção." "Rápido" e "devagar" se tornaram conceitos com menos importância numa era sugada pela tecnologia, pela velocidade, com máquinas capazes de agilizar qualquer tipo de trabalho — até mesmo o da natureza. De repente, "distante versus próximo" parecia, para Petrini, uma questão mais urgente para se continuar uma revolução. Que segue logo ali, no próximo capítulo.

3. Tomate quilômetro zero

Era um prato relativamente simples: uma massa cortada em pequenos quadrados de cerca de quatro centímetros, como retalhos, conhecida como *foiade* — soube depois — e servida com um trivial molho de tomate ao sugo. Mas o tomate do molho, aparentemente, não era uma fruta comum. Pelo menos era o que dizia o cardápio da pequena trattoria localizada num casarão de pedras na Città Alta de Bergamo, cidade no centro da região da Lombardia, a mais populosa da Itália. À época, eu era um jovem mochileiro me dando ao luxo de gastar mais de dez euros para matar a fome no primeiro restaurante apetitoso que aparecesse na minha frente, o que me obrigaria a viver de sanduíches e fast foods nos dois dias seguintes da viagem (que Carlo Petrini não me ouça). Lembro de ter estranhado o "km 0" grafado no menu. Para mim, esse sempre foi um jargão de uso exclusivo dos anúncios de concessionárias automotivas para denominar os carros sem placa e com aquele indefectível cheiro de novo, um sonho de status de qualquer rapaz da minha idade. Não na Itália.

A expressão "quilômetro zero" tornou-se popular no país principalmente a partir do início dos anos 2000, quando passou a figurar nos cardápios dos restaurantes ditos locais. Significa que o ingrediente que o precede foi plantado e colhido ali mesmo, que não viajou muitos quilômetros para chegar ao seu prato — o numeral zero é de fato uma licença poética, claro, para "arredondar" a equação e tentar abarcar toda a simbologia do movimento. Na Itália, é mais que uma questão de conceito: é um orgulho regional arraigado. Se um chef vive na Emília-Romanha, dificilmente ele vai ralar sobre um tortellini um queijo que não seja um Parmigiano Reggiano. Na Toscana, um cozinheiro, mesmo que amador, jamais usaria um fio que fosse de azeite que não tenha sido produzido nas imediações a partir de olivais como Frantoio ou Leccino, duas conhecidas variedades regionais. É um princípio que se aprende desde a infância: respeitar as raízes, nos seus mais amplos sentidos.

O uso de "quilômetro zero", no entanto, só aprimorou esse discurso em que o alimento (carne, queijo, grãos e até mel) é a máxima expressão do local, algo que ganhou mais destaque na cena gastronômica nos últimos anos, em um movimento também conhecido como *localvore* nos países de língua inglesa — ou movimento *locávoro*, do neologismo em português, na falta de uma expressão mais atraente para indicar os alimentos produzidos em localidades próximas, impulsionado principalmente pelo interesse em sustentabilidade e pela consciência ecológica. Não tenho ideia de quantos restaurantes quilômetro zero existiam em Bergamo em 2005, na ocasião da minha primeira visita à cidade, mas hoje são mais de 95 deles espalhados por toda a comuna (uma área de 39 quilômetros quadrados), segundo me informa o portal italiano Agriturismo. Só na Città Alta, protegida pelas muralhas, são cinco — incluindo, imagino, o casarão feito de pedras onde me dei ao luxo de não poupar meus parcos euros.

O grande charme de Bergamo são mesmo suas impressionantes muralhas venezianas, reconhecidas como patrimônio mundial da Unesco, com seus seis quilômetros de extensão protegendo a parte alta da cidade no decorrer de quatro séculos. Construídas a partir de 1561, quando a cidade ainda pertencia à República de Veneza, seu objetivo era, claro, defendê-la das invasões, que acabaram nunca acontecendo: foram edificadas duas plataformas, catorze baluartes, cerca de cem troneiras para canhões e quatro grandes portões erguidos quase sem nenhuma outra necessidade que não embasbacar os visitantes que chegam até ali quase que exclusivamente para admirá-los. Não por acaso, Bergamo é a segunda cidade mais frequentada da Lombardia, atrás apenas de Milão, a capital da região. A cidade jamais sofreu cercos, mantendo suas muralhas como as mais bem preservadas de toda a Europa, o que justifica o constante fluxo turístico da cidade.

Talvez seja sua vocação. Batizada pelos romanos como Bergamum depois de ser tomada por eles dos celtas, a partir do século X a cidade serviu como espaço de uma movimentada feira onde os comerciantes locais negociavam mercadorias como verduras, legumes e frutas. Já durante o Reino Lombardo-Vêneto, fazendo parte da coroa do Império Austríaco, a feira da cidade recebia compradores da Alemanha, Suíça e Inglaterra, que levavam dali produtos que viajariam longas distâncias até chegarem às casas de quem por fim iria consumi-los. Se as muralhas nunca precisaram impedir ninguém de entrar, tampouco barraram as pessoas de sair, muitas vezes com os lombos dos cavalos carregados de alimentos. As centenas de quilômetros que separavam Bergamo de outras adjacências passaram depois a ser mais facilmente percorridas graças a uma rota construída por conta da visita de Fernando I em 1838, que finalmente ligava a cidade a uma estação ferroviária inaugurada mais tarde em 1857, aumentando o escoamento dos produtos agrícolas locais, que sempre se beneficiaram de períodos de sol constantes e mais de 114 centímetros de precipitação anual. Mas, naquele momento, o maior orgulho da pequena trattoria *bergamasca* onde eu estava era o fato de o tomate servido no molho nunca ter cruzado as muralhas venezianas do velho centro da cidade.

Em um país em que pequenas províncias muito distintas tiveram que aprender a conviver sob a mesma bandeira a partir de

1861, o lugar de onde você vem ajuda a determinar quem você é. E essa lógica curiosamente também vale para um tomate. Um Sarnese-Nocerino bem vermelho, suculento e com acidez na medida é muito diferente de um Miracolo di San Gennaro, menor, bastante adocicado, embora ambos pertençam à mesma espécie e sejam cultivados a poucos quilômetros de distância um do outro, na mesma grande Nápoles onde o solo vulcânico do Vesúvio contribui para o desenvolvimento dos mais famosos frutos para molhos de tomate do mundo.

As duas variedades possuem Denominação de Origem Protegida (DOP), ou seja, só podem ser lavradas em demarcações regionais bem específicas e reconhecidas pela regulamentação napolitana. Mas não tente convencer os moradores da comuna de Sant'Antonio Abate que os vermelhos e famosos *nocerinos* são melhores porque mais carnudos e pastosos. Nem contar vantagem em cima dos que nascem em Salerno sobre o raro espécime com nome de milagre que possui maior teor de água e mais gelatina em torno de suas sementes — o que, segundo os especialistas, é o que diferencia seu sabor único: 25 quilômetros os separam de uma discussão acalorada. E quando se trata de napolitanos, é prudente nem seguir adiante. Cada qual com seu tomate.

Os frutos cultivados na Itália talvez sejam o maior exemplo de como a "ideologia local" foi ganhando o mundo até alcançar, hoje em dia, o extremo do movimento locávoro, no qual a origem de um alimento é o seu maior atributo. Principalmente os *san marzano*, vindos da província napolitana. Eles se tornaram unanimidade entre os especialistas em cozinha italiana pelo seu uso em molhos apurados, que ficam sedosos na boca, abraçando qualquer pasta com a qual sejam servidos, melhorando qualquer disco de pizza sobre o qual são devidamente esparramados. O *san marzano* é a champanhe dos tomates: ao mesmo tempo que sua qualidade superior é com frequência comprovada no paladar, a fruta também vive de uma aura que foi meticulosamente construída em torno dela — um status de notoriedade, um *storytelling* muito bem contado (e que antes era só aplicado a vinhos e outros produtos fabricados, por assim dizer).

Como quase todos os tomates alongados, magros e com poucas sementes, os *san marzano* costumam ser ótimos para molhos. Não existe nenhum chef de cozinha experiente nem cozinheiro amador com um mínimo de conhecimento (ou de esnobismo) que não encha a boca para afirmar que em seus molhos só entram os frutos vindos do sul da Itália, ainda que transportados por milhares de quilômetros em latas bem seladas. A empresa italiana Cirio, fundada em 1856 por um piemontês que seria chamado hoje de "empreendedor arrojado" no palco de um TED qualquer, foi a precursora nessa seara, transformando os tomates sazonais em um produto para ser consumido o ano inteiro. Mas outros grupos, como o Petti, criado em 1925 por Antonio Petti ao pé do monte Vesúvio, trataram de expandir o alcance do tomate italiano para o mundo, abrindo mercado na África e no Oriente. A Petti se tornou líder mundial na produção e comercialização dos tomates pelados enlatados desde a década de 1970. Suas latas foram para a cultura alimentar italiana tão transformadoras quanto as sardinhas para Portugal ou as sopas Campbell e o presunto Spam para os Estados Unidos. É curioso pensar, aliás, que os enlatados abriram caminho para o conceito de fast food muito antes dos hambúrgueres comerciais de redes como White Castle e McDonald's surgirem. Com uma lata de tomates e um pacote de macarrão, qualquer um podia (pode) preparar o almoço em minutos sem ter que pedir ajuda à *nonna*. Comida rápida, instantânea...

Os tomates para molho costumam ser do tipo pastoso, sem tanta água a evaporar, ainda que, no processo de conservação nas latas, alguns recebam um pouco de cálcio, que impede que sejam esmagados no transporte (mesmo que no fundo de contêineres), mas que também acaba dificultando sua desintegração sobre o fogo na panela. O *san marzano* é o rei dos tomates destinados aos molhos, "o mais importante tomate comercial do século XX", como afirma Amy Goldman, escritora e coletora de sementes, no livro *The Heirloom Tomato*. Como uma espécie crioula, ou *heirloom*, como diz o termo da moda, emprestado do inglês, ele foi "lançado" comercialmente em 1926 nas versões enlatadas que ganharam o mundo. A variedade, em si, surgiu um pouco antes, perto da comuna italiana San Marzano sul Sarno, em 1902, resultado do cruzamento de três espécies populares (Fiascona, Fiaschella e Rei Umberto). Mas foram as latas que ganharam o mundo, claro, graças ao seu transporte.

O que pouca gente sabe é que, contrariando os rótulos, nem sempre os tomates das latas são mesmo os originais — pelo menos não os com denominação de origem reconhecida, já que nem todos os *san marzano* ostentam um pedigree de sua origem. Para receber o selo de autenticidade do Consorzio San Marzano, o tomate precisa ser cultivado e enlatado na área de Denominação de Origem Protegida, que se estende pelas províncias de Salerno, Nápoles e Avelino. O que algumas simples contas matemáticas comprovariam é que as províncias — que, somadas, não chegam a 10 mil quilômetros quadrados — não seriam capazes de prover tomates para as quantidades de latas empilhadas nas estantes de conservas nos supermercados do mundo todo.

Com a altíssima demanda, a indústria de conservas acabou por substituir os legítimos *san marzano* por outros tomates híbridos, frutos de aprimoramento genético (alguns deles até mais macios, outros com melhor resistência a doenças). Mas o ponto é que toda a simbologia do tomate *san marzano* — um imaginário poderoso, que a indústria trabalha para manter viva —, de ser cultivado sob a sombra do Vesúvio por gerações e gerações, como exige a narrativa romântica, parece se opor à ideia de localidade que o movimento quilômetro zero preconiza.

O tomate é um fruto que se originou na América pré-hispânica, nos altos Andes, provavelmente entre o Peru e o Equador. De lá, foi levado para as áreas mais ao norte, onde, por fim, foi domesticado no México. A palavra "tomate", inclusive, vem do asteca *tomatl*, que deu origem também ao inglês *tomato* — na Itália, chegou primeiro como *pomo d'oro* (maçã dourada), para depois virar uma só palavra, *pomodoro*, e se transformar em um dos principais símbolos da *cucina italiana*, usado maciçamente das massas às pizzas, as duas preparações típicas que se alastraram pelo mundo, tingindo de vez uma das faixas da bandeira do país de vermelho. Antes de chegar ao território que lhe rendeu mais fama, primeiro teve que conquistar a atenção dos espanhóis, para só então ser introduzido no Velho Continente. Foi num mercado asteca da cidade de Tlatelolco que o missionário e etnólogo Bernardino de Sahagún ficou encantado com o fruto "de diferentes variedades, amarelos, vermelhos e aqueles que estavam muito maduros", como relatou depois.

Os tomates chegaram ao Reino de Nápoles por volta de 1770, quando passaram a ser vistos como alimento — até o século XVIII, eram considerados plantas ornamentais, já que se acreditava que eram nocivos à saúde. O *san marzano* só foi reconhecido em 1902, em Fiano, uma cidade entre Nocera, Sarno e San Marzano, recebendo o nome desta última. Foi plantado e tratado por famílias camponesas, que o cultivaram em filas características de linhas suspensas entre postes, no modelo que se tornou comum com as plantas sustentadas por cabos de aço ou canas. Protegidas do sol por sua rica folhagem, as frutas vermelhas prosperaram no solo quente do Vesúvio, determinante para o sucesso agrícola dessa variedade (com características distintas, dependendo da região).

Ele é resultado de cruzamentos e processos de seleção que se deram de forma longa e natural até se adaptarem às condições climáticas de Nápoles: um solo com um conjunto de minerais de origem vulcânica tão único que seria impossível reproduzi-lo em outras regiões — ainda que hoje já seja largamente cultivado pelo mundo todo, sendo até possível encontrar sementes para plantá-lo no jardim de casa. O Consórcio de Proteção do Tomate San Marzano foi estabelecido só após o reconhecimento da Denominação de Origem Protegida entre algumas comunas das províncias de Nápoles, Salerno e Avellino pela União Europeia em 1996, para distinguir sua origem e, claro, aumentar ainda mais o marketing em cima do tomate mais famoso do globo.

A fama do tomate italiano — fortemente catapultada pelo *san marzano* — faz girar uma engrenagem industrial com poucos precedentes na indústria de alimentos, tendo feito o sul da Itália ocupar uma posição de quase monopólio nas exportações de tomate em todo o mundo: sejam aqueles com origem certificada, sejam frutos inteiros ou picados, sempre em conserva. Das 1,6 milhão de latas de conservas vendidas no planeta em 2015, a Itália deteve 77% delas — seguida pela Espanha, com 10%, e outros países, como Estados Unidos e Japão, com porcentagens bem menores. O que as grandes companhias tentam esconder é que, embora esses tomates sejam em parte processados na Itália, nem sempre são plantados em território italiano.

Grande parte é cultivada na China, sendo a província de Xinjiang um dos mais importantes focos na produção dos tomates que são distribuídos depois para a África e para a Europa (via Itália) para ganhar o mundo. Curiosamente, grande parte dos agricultores que colhem os tomates no norte do país para receber cerca de um centavo de euro por quilo vem de Sichuan, uma província pobre do centro-oeste chinês a 3 mil quilômetros dali. Nas grandes fábricas chinesas capazes de transformar milhares de quilos de tomates colhidos em mais de cinco toneladas de concentrado por dia, somente as potentes máquinas que aquecem e trituram os frutos são provenientes da Itália. Nas latas, os rótulos, porém, tentam o tempo todo vender e forjar uma origem italiana. O nome ou a bandeira tricolor do país estão sempre estampados em destaque, ainda que a verdadeira origem chinesa (ou de muitos dos outros 168 países que produzem tomate no mundo, segundo a FAO, a Organização das Nações Unidas para a Alimentação e Agricultura) seja frequentemente escamoteada. Grande parte das vezes que você adquire uma lata de *pomodori pelati* ou de *passata di pomodoro* para fazer uma bela macarronada em casa, ela pode ter percorrido mais de 7 mil quilômetros até alcançar a Itália, para depois ser recondicionada em alguma fábrica do país para "aperfeiçoamento ativo" (uma prática alfandegária que permite reexportar um produto pela União Europeia), antes de ser posta em um navio para, enfim, percorrer mais 9 mil quilômetros e chegar à sua panela.

Para os mais fervorosos defensores da dieta local, entretanto, um *san marzano* DOP só tem valor para quem mora nas comunas napolitanas: o lema é do alimento cultivado bem próximo — e quanto mais perto da vizinhança, melhor. Na nova ordem local, mais vale um tomate Roma (criado pelo Serviço de Pesquisa Agrícola do Departamento de Agricultura dos Estados Unidos em 1955, a partir de um cruzamento de variedades) no solo do que duas latas de *san marzano* atravessando o oceano. Ou, melhor ainda, tomates Mountain Magic plantados em fileiras em uma fazenda de 32 hectares de onde o chef possa colhê-los pouco antes de prepará-los na sua cozinha, devidamente montada a alguns passos de distância. O nome da variedade não é uma licença poética — embora esteja de acordo com o romantismo que perpassa o movimento *localvore*: ela realmente existe e é cultivada na fazenda mantida pelo chef americano Dan Barber em Pocantico Hills, uma pequena aldeia no condado de Westchester, em Nova York, que fornece (quase) tudo o que serve em seu restaurante, o Blue Hill at Stone Barns, um dos primeiros destinos na lista de qualquer apaixonado por gastronomia no mundo.

Durante sua alta temporada de agosto, os tomates Mountain Magic brilham no cardápio do restaurante: em molhos para pizzas feitas a partir dos vegetais cultivados na fazenda, em fatias servidas em sanduíches com carne para mostrar sua rica textura e em sopas. Eles são tomates híbridos, criados na Universidade do Estado da Carolina do Norte a partir do cruzamento de outras espécies (uma bem resistente a pragas com um tipo de tomate-cereja), que permitiram a Barber cultivá-los ali sem as doenças que são notoriamente conhecidas pelos demais produtores que se aventuram a plantar a fruta no nordeste dos Estados Unidos — uma briga que leva em conta pulverizações (ainda que de cobre, no caso dele, como requer os mandamentos orgânicos), enorme investimento de tempo e uma grande incerteza com relação aos resultados. Em 2009, por exemplo, uma praga dizimou quase que completamente os tomateiros na região, incluindo os do Blue Hill, em poucos dias. Barber conheceu a variedade mágica e resistente na Universidade Cornell, apaixonou-se pela sua doçura e decidiu cultivá-la na fazenda, para servir aos seus clientes.

Há mais de uma década, o chef mudou o foco do seu trabalho, interessando-se mais pelos ingredientes antes mesmo de eles cruzarem a porta de sua cozinha, o que consequentemente trouxe mudanças à sua forma de cozinhar. Foi assim com espigas de milho, com batatas, com tipos diferentes de trigos e grãos, com os tomates... "Com uma regularidade notável e quase irônica, me descobri repetindo aquele tipo de experiência. Outra propriedade, outro agricultor, outro produto, mas o mesmo arco narrativo", conta ele no seu livro, *O terceiro prato*. Mas foram alguns quilos de aspargos (e uma baita casualidade) que mudaram de uma vez por todas os rumos de sua carreira e o colocaram no epicentro do movimento *localvore* dentro da alta gastronomia, influenciando dezenas de novos chefs e mudando a forma com que nove em cada dez grandes cozinheiros do mercado passaram a olhar para seus ingredientes — e, principalmente, para a forma de consegui-los.

Na primavera de 2000, o falecido crítico gastronômico Jonathan Gold (o único a vencer um prêmio Pulitzer na história) visitou o Blue Hill, o restaurante até então nem tão aclamado de Barber, localizado no subsolo de uma casa perto da Washington Square, no Greenwich Village nova-iorquino, para escrever uma resenha na revista *Gourmet*, na qual tinha o cargo de crítico-chefe. Vestindo seus indefectíveis suspensórios, num estilo meio dândi que ajudou a compor sua persona no cenário gastronômico, Gold se pôs à mesa pronto para impingir sua pena. Naquele dia, no entanto, um imbróglio havia tomado a cozinha: quando Barber voltou da feira, trazendo uma "montanha de aspargos" para o restaurante, deparou-se com mais uma quantidade enorme do vegetal estocado na câmara fria, comprada por algum funcionário que decidiu não se atentar ao devido planejamento estabelecido pelo chef. Irritado com o erro, ele ordenou que os cozinheiros limpassem e preparassem os aspargos que encontrassem pela frente, pois naquela noite eles seriam usados em todos os pratos. Os cozinheiros seguiram a ordem à risca: o menu que seguiu em direção aos clientes no salão foi todo servido com aspargos, de um pato com alcachofras a um frango assado com cogumelos.

Na mesa, após inúmeras garfadas, Gold aprovou a ousadia, pensando que ela tinha sido intencionalmente deliberada. Na resenha, publicada dias depois na influente revista, com sua envolvente prosa, o crítico se perguntava, logo no início do texto: "O que significa oferecer uma cozinha de campo em Nova York?". À pergunta, discorria sobre o ótimo jantar que teve no Blue Hill, descrevendo-o como um legítimo restaurante *farm-to-table* ("do campo à mesa"). A partir daquele texto, uma nova subcategoria de restaurante nascia para a indústria, impulsionando um novo movimento em que os chefs tinham que ser ativistas em prol de seus ingredientes, deixando os limites da cozinha e saindo para coletar ("até com uma caminhada matinal pela feira de pequenos agricultores", como diz Barber), para só depois criar, a partir do que encontrasse. Mesmo que fossem quilos de aspargos.

A crítica de Gold mudou as regras do jogo, especialmente para o chef até então não muito conhecido no panteão dos renomados cozinheiros de Nova York. Ela confirmava para Barber que sua cozinha, baseada na procedência dos produtos, era o caminho certo a seguir. E foi o que ele fez: em 2004, inaugurou o Blue Hill at Stone Barns, o tal restaurante dentro da fazenda em Pocantico Hills, que se apropriou de vez do conceito *farm-to-table*, concebido com a promessa de encurtar a cadeia alimentar, como ele define, e focar nos "alimentos sem etiqueta", ao contrário dos que tomaram a sociedade moderna.

Essa relação com o campo começou cedo. Embora Dan Barber tenha nascido e crescido em Nova York, sempre passava o máximo que podia de suas férias na fazenda da família no estado de Massachusetts, onde adorava ajudar a armazenar o feno a ser usado no inverno, andar de carona no trator da propriedade e descarregar com a avó Ann o porta-malas do Chevy Impala com o que fosse preciso para a manutenção da fazenda. Ele perdeu a mãe quando tinha apenas quatro anos, e isso o fez aprender mais cedo o caminho entre a geladeira, o micro-ondas e o fogão para preparar o que quisesse comer. Durante a faculdade, ficou obcecado por pães, o que o levou a Los Angeles, para trabalhar na icônica La Brea Bakery. Chegou a estagiar com o chef Michel Rostang, em Paris, para conhecer os preceitos da cozinha francesa, popular pela técnica apurada, na obsessão pela qualidade. De volta a Nova York, trabalhou em empresas de alimentos até decidir abrir o Blue Hill com a ajuda da família. O restaurante não foi um sucesso imediato, mas tudo mudou após aquela noite de primavera.

Barber é um homem alto e magro, de cabelos claros que demarcam as entradas no topo da testa, bastante calmo e de fala mansa. Explica as coisas didaticamente, repete com simpatia, sempre no mesmo tom baixo de voz, que se torna mais grave e apaixonado quando o assunto é comida, o campo. Se você nunca plantou ao menos um pezinho de manjericão na vida, vai querer chegar em casa e fazer isso depois de uma conversa com ele. Numa terça-feira de um setembro especialmente quente, meu celular tocou com um número desconhecido dos Estados Unidos. Atendi. "Rafael? Aqui é Dan Barber, você pode falar?" Eu realmente tinha enviado uma solicitação de entrevista à assessoria de imprensa dele, mas não esperava que o próprio chef fosse me ligar — estou habituado ao mundo de estrelismo da gastronomia, em que chefs quase sempre se comportam como celebridades inalcançáveis. "É que estou no trem a caminho do restaurante, queria saber se poderia conversar agora." Eu podia.

E estava muito curioso para saber como ele via especialmente o movimento que ajudou a pavimentar há mais de uma década, criando um restaurante tão único entre as estradinhas verdejantes que levam centenas de aficionados (por muito tempo, o Blue Hill precedia o aposto de "o restaurante favorito de Obama") a Pocantico Hills, longe do caos de Manhattan, onde cresceu. "Eu acho que ainda estamos no começo e temos uma longa jornada pela frente", ele disse, com franqueza. "As coisas mudaram muito nessa década, e eu mesmo passei a refletir sobre a legitimidade dele para realmente transformar o sistema alimentar." Barber compreendeu que sua cozinha não podia celebrar apenas "as ervilhas frescas que se consegue numa manhã no mercado de produtores", mas pensar nas plantações de uma maneira mais geral. "É preciso encontrar uma forma de colocar a fazenda toda no prato", disse — não só seus alimentos, mas também seus problemas e dificuldades.

No fluxo de Barber dentro de Stone Barns, o ingrediente é quem precede a receita, nunca o contrário. Nesse sentido, ele defende, os chefs deveriam responder mais à paisagem e ao que ela traz do que pensar em um prato excitante e correr para a feira buscando o ingrediente melhor e mais fresco que puder encontrar para prepará-lo. Deixar, afinal, de pensar nos mercados de produtores como uma seção de hortifrúti no supermercado. "Eu acho que priorizar os ingredientes dessa forma é difícil quando você não está sentado no meio de uma fazenda", comentou, ciente do seu privilégio. O fato de ter construído ao seu redor a propriedade dos sonhos — de onde utiliza tudo, dos ovos da galinha às ramas da cenoura, da placenta das vacas (!) às taboas, plantas comestíveis que se avolumam em torno de poças d'água — permitiu a Barber se relacionar com a cozinha de uma forma quase inatingível a seus pares, além de oferecer aos clientes uma experiência que só podem ter ali, e em mais nenhum outro lugar. Comer no Blue Hill at Stone Barns é como voltar no tempo da agricultura de subsistência a bordo de uma versão modernizada da máquina do dr. Emmett Brown projetada por Elon Musk.

Parte da abordagem gastronômica na fazenda é trabalhar diretamente com os agricultores para desenvolver tipos únicos de sementes que vão gerar os alimentos produzidos para os cardápios, como a abóbora 898 (uma variedade doce, saborosa e rica em betacaroteno que cabe na palma da mão), ou a pimenta Habanada (sim, com "h", um híbrido da *habanero* que mantém a doçura, mas sem a sua picância). Recentemente

Barber até criou uma empresa, a Row 7 Seed Company, para comercializar os resultados bem-sucedidos dos testes feitos em sua propriedade, aproveitando o número crescente de jardineiros amadores para impulsionar um movimento ao estilo *seed-to-table.* "É na semente que tudo começa. Se ela não for boa, tudo o mais estará comprometido", ele afirma.

Com ele, trabalham cientistas e criadores no desenvolvimento dessas novas sementes, ainda que também remontem aqui e ali a variedades de herança de legumes e grãos (que, na maioria das vezes, têm baixa colheita e representam um lucro pequeno aos agricultores, por isso são tão pouco cultivadas). Como chef, cabe a Barber dizer o que busca nos produtos que quer para sua cozinha — e aos criadores, o desafio de produzi-los bem ao lado dela.

Há poucos anos, visitei uma fazenda urbana montada dentro de uma antiga fábrica em Greenpoint, no Brooklyn, a 6,8 quilômetros do primeiro restaurante de Barber. Creditadas como o futuro da agricultura, essas fazendas indoor utilizam tecnologia de ponta para produzir os "alimentos do amanhã", como costumam propagar. De fora, nada indica uma propriedade tão inovadora assim: só dá para ver as estruturas antigas do prédio, um letreiro de divulgação de uma empresa que não existe mais e alguns metais já enferrujados. Mas basta entrar na construção para entender a revolução que o jovem empresário Viraj Puri, fundador da startup Gotham Greens e dono da tal fazenda, vem tentando empreender.

O pavilhão parece saído de um filme de ficção científica: as mudas, cultivadas em uma espécie de estufa, são todas verdíssimas e estão cercadas de computadores. Com aproximadamente 1,5 mil metros quadrados, uma área um pouco maior do que uma piscina olímpica, essa plantação, por assim dizer, foi a precursora de um movimento iniciado em 2011, quando

Puri resolveu cultivar hortaliças, ervas e alguns vegetais hidropônicos no telhado da antiga fábrica — depois, vieram outras unidades, instaladas em cidades como Nova York e Chicago, com produção anual que, na época, girava em torno de mais de 20 milhões de mudas criadas somente à base de água e nutrientes. "Conseguimos produzir o ano inteiro, independentemente do sistema de safras que permeia a agricultura convencional. Isso possibilita uma produção até 50% maior do que a de uma fazenda comum, com economia de energia de 25% por quilo de muda produzida", afirma Puri. Não existe estação nessas fazendas, não existe "época" para um alimento ser cultivado ali, já que todo o ambiente tecnológico forja o clima externo, 24 horas por dia, sete dias por semana.

Allison Kopf, CEO da Agrilyst, startup norte-americana especializada em processamento de dados para fazendas, me explica que precisamos buscar sistemas alimentares que sejam independentes do clima, já que estamos diante de uma crescente demanda global de alimentos que precisa aumentar em 70% a sua produção até 2050, com um iminente aumento populacional que levará a humanidade a quase 10 bilhões de pessoas, de acordo com dados da FAO. "Por 'independentes do clima' quero dizer um modelo indoor, em áreas internas com todas as variáveis controladas", ele diz. Na planta de Greenpoint, por exemplo, várias placas fotovoltaicas alimentam as luzes de LED responsáveis por garantir a fotossíntese das plantas mesmo quando a incidência solar é pouca. Uma estrutura coberta de vidros, um sistema de ventilação passiva e cortinas térmicas permitem controlar qualquer décimo de grau centígrado da temperatura ali dentro, independente do frio ou calor que faça lá fora. A irrigação é feita por um sistema inteligente, que analisa a quantidade de água que as plantas exigem em cada horário do dia. Esse mesmo sistema também emprega a recirculação e reutilização da água. Para completar, toda a produção é livre de pesticidas e não há qualquer tipo de escoamento de fertilizantes nas águas subterrâneas (uma das principais causas de poluição da água potável atualmente). "Nosso método requer dez vezes menos água do que os sistemas convencionais", se gaba Puri.

A sua fazenda, aliás, foi a primeira plantação desse tipo autorizada nos Estados Unidos em escala comercial, mas hoje já existem dezenas de outras como ela, estruturadas dentro de edifícios ou no topo de construções de grandes cidades. Em comum, todas permitem "plantar" (sem um grama de terra sequer) alimentos com o máximo de eficiência possível, utilizando altíssima tecnologia computacional e a poucos quilômetros — ou metros, dependendo de onde se esteja — de mercados, restaurantes e até residências. Seria o "farm-to-*your*-table" da era moderna, por assim dizer, à medida que fazendas como essa poderiam ser construídas em edifícios espalhados pelas regiões mais habitadas das grandes cidades — já que, aliás, a população do mundo hoje está concentrada mais nas cidades do que no campo (cerca de 54% dela, segundo a ONU).

Perguntei a Barber o que ele acha da possibilidade de termos fazendas assim no prédio vizinho, de onde poderíamos comprar hortaliças fresquinhas para o almoço em casa. "Eu nunca provei nada feito numa fazenda indoor que realmente tenha um sabor superior. A comida mais deliciosa e nutritiva a que já fui apresentado vem do solo", disse, endurecendo um pouco o tom de voz. Nas fazendas urbanas modernas, hortaliças e vegetais são cultivados tirando os pés do chão, literalmente. Na aeroponia, uma das variações mais propagadas, as plantas são cultivadas suspensas em canos de PVC, dispostos vertical ou horizontalmente, com maior aproveitamento da área e maior número de plantas. No *floating*, outra das técnicas de cultivo indoor, as plantas flutuam em uma piscina com nutrientes: elas são dispostas em espécies de bandejas de isopor por onde corre uma lâmina d'água (cerca de quatro centímetros) com a solução nutritiva. A última e mais moderna técnica é chamada de NFT (Nutrient Film Technique), em que o cultivo é feito em canaletas por onde corre a solução nutritiva — as raízes ficam submersas, retirando dali tudo que precisam para crescer. Versões tech e em grande escala do nosso velho pé de feijão no algodão.

Hoje, mais de 800 milhões de hectares de terras — um valor superior a 40% da superfície terrestre do planeta — são usados para a agricultura. Esse tipo de cultivo é mantido há mais de 10 mil anos, com processos degradantes, o que tem gerado um desgaste muito grande dos solos em função da monocultura e da contaminação por pesticidas. "Se começarmos a produzir mais alimentos em um modelo indoor, precisaremos de menos áreas abertas. Isso vai permitir que os solos recuperem seu processo natural, restaurando os ecossistemas danificados", aposta o professor Dickson Despommier, do departamento de Saúde Pública da Universidade Columbia, nos Estados Unidos. Para Despommier, o modelo tradicional de cultivo tende a ficar ainda mais difícil à medida que o aquecimento global se intensifica.

Dados do Painel Brasileiro de Mudanças Climáticas indicam que o Brasil poderá perder cerca de 11 milhões de hectares de terras agricultáveis em virtude das mudanças climáticas até 2030. O cultivo em áreas internas seria uma boa solução por poder ser feito em qualquer lugar, já que as condições de desenvolvimento das plantas são facilmente controladas. "Há centenas de projetos de fazendas urbanas sendo desenvolvidos, mas acredito que é imprescindível aumentar a interação das pessoas com os alimentos que elas consomem", afirma o professor da Universidade Columbia. Uma possível mudança é permitir que as pessoas se coloquem mais ativamente na produção alimentar.

Dan Barber acredita cegamente nisso. Em maio de 2014, o chef ganhou uma página de destaque na seção de opinião de sábado do *The New York Times* para um artigo com uma alta carga de (auto)crítica intitulado: "O que deu errado com o *farm-to-table*". Ele escreveu: "Talvez o problema com o movimento *farm-to-table* esteja implícito em seu nome. Imaginar a cadeia alimentar como um campo em uma extremidade e um prato de comida na outra não é apenas redutor, mas também nos coloca na posição de consumidores finais. É um sistema passivo — uma mentalidade de corredor de supermercado —, quando, na verdade, como cozinheiros e consumidores, precisamos nos engajar nos aspectos práticos da verdadeira sustentabilidade agrícola. O sabor pode ser nosso guia para remodelar nossas dietas e nossas paisagens, desde o início".

O modelo "do campo à mesa", para ele, perpassa sobretudo pelo relacionamento direto com os agricultores locais ("por mais herético que isso possa parecer, o *farm-to-table* precisa abranger mais alguns intermediários", tascou). Mas, antes, por uma comida mais saborosa, que é "o motivo pelo qual os chefs têm sido tão influentes na ampliação do movimento". O sabor é a bandeira que Barber, como cozinheiro famoso, trata de levantar. Mas a dele tem ainda as cores de uma contraposição ao sistema convencional de alimentação — e aqui seria preciso incluir tanto o agronegócio quanto as monoculturas de grãos, além dos animais confinados em criações extensivas: alimentos cada vez com menos sabor e menos nutrientes. "Esse não é de forma nenhuma o futuro da alimentação", crava, que, segundo ele, está menos "em modelos de comidas processadas, com o declínio de empresas nesse nicho", e mais na busca "de comidas frescas, verdadeiramente saborosas". Não os ramos de verduras pendurados em estruturas controladas por sensores high-tech que "não têm sabor nenhum" para ele.

O principal agente de mudança — pelo menos na gastronomia, que é o que lhe cabe nesse latifúndio de repensar a alimentação — é a fruição hedonista do alimento. Exatamente o que fez com que movimentos em torno da boa comida, como o próprio *farm-to-table*, ganhasse corpo (embora o termo tenha se tornado pretensioso, à medida que passou a ser um jargão no discurso de moradores de grandes cidades, presunçosos na ideia de achar que vão mudar a alimentação do mundo bajulando um tomate no mercadinho da esquina, sem saber que muitos dos orgânicos com os quais enchem suas *ecobags* viajam por dias de países tão distantes quanto a Itália, a Alemanha e a Nova Zelândia para chegarem ali). "Mas é uma mentalidade alimentar que começa a mudar. Nós vamos cada vez mais querer saber de onde vêm as coisas que comemos: a nova geração é muito mais conectada à procedência daquilo que consome, à importância da terra", afirma. E a proximidade com o alimento, nessa equação, é primordial. Por isso, Barber prefere o termo "local", que dá maior sentido à comida produzida ali, na fazenda ao lado. Não necessariamente a idílica que ele construiu em Stone Barns, mas aquela representação que traz a ideia de que comida vem do solo nutrido, pois a rotação de espécies e a diversidade de alimentos plantados é que podem nos oferecer uma alimentação mais rica. E mais deliciosa.

Em 2012, o estado de Nova York registrou um recorde no número de mercados de agricultores espalhados por toda a sua extensão: pela primeira vez, a quantidade tinha mais que dobrado na última década, aumentando de 235 (em 2000) para 521 (em 2012). Nos Estados Unidos, a partir de 2010, esse tipo de negócio — em que os fazendeiros vendem seus produtos colhidos diretamente aos consumidores, sem intermediários — tinha passado de 7864 mercados: 60% a mais se comparado ao início do milênio. Menos de uma década depois do conceito *farm-to-table* surgir, a demanda por alimentos de origem próxima e conhecida já vinha se tornando mais latente. Prova de que o trabalho de Barber teve consequência também para além da sua porteira. Uma comprovação e tanto para justificar como essa busca por uma relação mais direta com a terra e com o alimento que vem dela foi ganhando força na sociedade contemporânea.

Verdadeiros militantes da comida não querem apenas comer bem, mas saber de onde vem aquilo que ingerem. Buscar interferir diretamente na forma de produzir e comprar o que põem na mesa passaram a ser um objetivo para muita gente. "O ativismo nessa área tem ganhado corpo há vinte anos, mas nunca foi tão presente quanto hoje", afirma Eric Holt-Giménez, diretor do Food First, um instituto nos Estados Unidos para o desenvolvimento de políticas alimentares, em que se tem construído diversas práticas e alternativas para mitigar o dano permanente causado pelo regime alimentar baseado na produção em massa e na industrialização. A revista *Time* tratou de chamar esse ativismo pelo nome de "progressismo culinário", em razão da alta carga política de ruptura de padrões na alimentação, mostrando que ele transformou não apenas o cotidiano dos chefs da alta gastronomia — cada vez mais dependentes de servir alimentos *superlocais* para impressionar clientes ansiosos para comer algo nativo e raro (em detrimento das trufas e do caviar presentes em menus no mundo todo) —, mas sobretudo a rotina de pessoas comuns, que querem encurtar o caminho do produto até suas casas e estreitar laços com as famílias que trabalham na terra, plantando diariamente o que comem.

"O alimento é muito importante para estar nas mãos de apenas algumas grandes corporações", me disse Harriet Lamb, da The Fairtrade Foundation, entidade que luta por melhores políticas sociais e econômicas de consumo no mundo. Segundo a Oxfam, ONG baseada na Grã-Bretanha, são dez os conglomerados multinacionais (Nestlé, Unilever, Mondelēz, Coca-Cola, entre outros) que controlam a parte mais significativa do mercado mundial de alimentos e que dominam os setores de produtos lácteos, refrigerantes, doces e cereais, processados, entre muitos outros. Juntos, comandam quase 50% do mercado global, faturam mais de 1 bilhão de dólares diariamente e vendem a falsa ideia de diversidade de opção aos consumidores, sendo que na maioria das vezes eles mesmos estão à frente de marcas concorrentes.

Em oposição a essa falta de controle sobre o próprio alimento, novos ativistas da alimentação passaram a estabelecer grupos e coletivos que buscam parcerias diretas com produtores locais dispostos a oferecer alimentos sem o intermédio de supermercados ou distribuidores. Esses grupos despontaram no final da década de 1990 nos Estados Unidos e no começo da década de 2000 na França, ganhando força pelo mundo todo, ainda que com penetração apenas em grupos de nicho: pessoas com alto poder aquisitivo e uma consciência alimentar que vai além dos slogans espertos das embalagens dos alimentos. No Brasil, por exemplo, eles chegaram só a partir de 2010.

Foi quando um alemão excêntrico, chamado Hermann Pohlmann, quis implantar na pequena cidade de Botucatu, no interior de São Paulo, para onde se mudara, algo que já desenvolvia com uma turma de amigos em sua terra natal. Seu objetivo, visto como bastante esdrúxulo na época, era encontrar pessoas que topassem fazer parte de um grupo de CSA (agricultura sustentada pela comunidade, na tradução do termo em inglês). "Não existia nada similar no Brasil, era um conceito totalmente novo. Tive muitas dificuldades para convencer sobretudo os produtores de que era algo interessante e viável para eles", conta Pohlmann. Os olhos azuis e os cabelos loiros e lisos caídos para o lado direito do rosto quase pálido faziam dele um personagem tão estranho na cidade quanto a ideia que queria implantar. Os CSAs, como o que Pohlmann surpreendentemente veio a formar naquele ano, depois de aliciar uma dúzia de curiosos, constituem-se em uma troca: o produtor oferece ações de sua fazenda e os consumidores se tornam sócios-investidores com direito a uma quantidade de produtos orgânicos por semana. Dessa forma, o grupo investidor divide os custos (como sementes, terra, material para plantio etc.) do produtor, que usa sua propriedade para cultivar alimentos exclusivamente para essa clientela. O fato de Botucatu ser a cidade onde foi fundado, ainda em 1984, o Instituto Biodinâmico (IBD), uma das maiores certificadoras de alimentos do gênero no país, quando nem mesmo o termo "orgânico" era reconhecido fora das rodas de ex-hippies, ajudou Pohlmann a instituir ali o primeiro grupo de CSA do Brasil. Em troca de um dado valor, uma dezena pessoas recebiam uma vez por semana uma cota de alimentos como um litro de leite, um queijo, duzentos gramas de manteiga, além de verduras, legumes e hortaliças. Aos poucos, o alemão excêntrico foi mostrando para os associados que iam chegando que era possível coproduzir a própria comida, contrariando a passividade que tomara conta do consumo de alimentos.

Uma alternativa que surgiu como um oásis de hortas e pomares num deserto de prateleiras de alimentos envoltos em plásticos foram os grupos de consumo coletivo, que não chegam ao ponto de comprar parcelas de pequenas fazendas mas, ainda assim, estabelecem uma relação mais próxima com o produto e o produtor. Nesse caso, os membros se reúnem para firmar uma relação comercial com aquilo que os pequenos agricultores cultivam. Como a compra é feita coletivamente, os produtores conseguem vender um volume maior e os compradores garantem a procedência do alimento direto da fonte. Os coletivos de consumo são um fenômeno notadamente mundial e já estabelecidos em países como Estados Unidos, Alemanha e Austrália. Na França, os grupos de agricultura sustentada ganham o nome de Amap (Associações para a Preservação da Agricultura Camponesa, na sigla em francês) e já passam dos 1600, com entregas regulares de mais de 70 mil caixas de alimentos para mais de 300 mil consumidores. Ao aderir a uma

Amap, os consumidores lidam diretamente com os produtores, comprometendo-se vários meses antes da colheita a comprar uma seleção de frutas e hortaliças que será produzida (sem nem saber ao certo o que virá). Uma espécie de laissez-faire agrário.

Nos Estados Unidos, o modelo de agricultura sustentada pela comunidade (CSA) vai além. Em alguns casos, famílias criam um fundo legal para arrendar uma propriedade a longo prazo, de forma que os filhos dos produtores possam perpetuar o trabalho iniciado pelos pais, tendo uma garantia de trabalho futuro, e assim possam se manter no campo. Tudo em busca de uma origem conhecida para aquilo que ingerem, um endereço estabelecido (com caixa postal) para os ingredientes orgânicos que comem no dia a dia. Levar a cabo, mesmo que indiretamente, o sonho da fazenda própria.

O quimérico pedaço de terra de Martin Schneesche materializou-se no caminho de uma estrada bucólica que perpassa quase quarenta quilômetros entre curvas e vales da Serra da Mantiqueira até desembocar na pequena Santo Antônio do Pinhal (SP), cidade com pouco mais de 6 mil habitantes e cerca de 90% de seu território ainda rural. “Quando entrei no terreno, botei os olhos na casa e olhei por uma nesga da porta e vi a luz entrando pela janela da cozinha, eu tive um profundo sentimento de que eu deveria realizar coisas ali”, me conta Schneesche. Publicitário com histórico de madrugadas trabalhando em algumas das maiores agências do país, ele resolveu não voltar mais para a rotina de São Paulo depois de umas férias em 2015 — o *turning point* típico de um roteiro clichê de insatisfações, que acumulava de um “coração partido” a uma “carreira promissoramente vazia”, como ele diz. Pediu demissão e uma semana depois mudou para a tal fazenda com o intuito de produzir e vender alimentos orgânicos (e, de quebra, buscar uma forma de recarregar uma motivação que já estava em “volume morto”).

No terreno de 1400 metros quadrados, começou por uma horta mais próxima da casa, de aproximadamente seiscentos metros quadrados, o equivalente a uma quadra de futsal. Limpou toda a área e depois picou e jogou sobre a terra todas as plantas e matérias orgânicas que tirara dali. A receita de preparação do solo ainda incluiu 1,5 tonelada de composto orgânico, quatrocentos quilos de húmus de minhoca, duzentos quilos de carvão vegetal moído, quarenta quilos de pó de rocha basáltica, noventa quilos de farelo de mamona e noventa quilos de farelo de ossos. "Era um solo de potencial evidente, mas adormecido", pondera Schneesche. O primeiro alimento plantado ali foi um tomate-de-árvore, uma fruta muito parecida com o tomate tradicional, porém mais alongada e com sabor entre o doce e o ácido (mas com um leve sabor de maracujá, um tantinho de goiaba), bastante comum na região, ainda que tenha se originado mesmo nos Andes. Aos poucos vieram pepinos, pimentas... Berinjelas, abóboras, ervas aromáticas. E também milho, mandioca, limão, maracujá e tabaco. Nos últimos anos, ele criou uma coleção de couves com sete variedades diferentes e viu crescer outros seis tipos de plantas da família do alho. Resgatou ainda o cultivo do feijão "do Divino Espírito Santo", um tipo de grão crioulo da região — branco e com uma pequena mancha vermelha que evoca o símbolo do Divino Espírito Santo, alguns grãos foram guardados por uma senhora quilombola que vivia ali para não se perder em meio a outras variedades mais comerciais que passaram a dominar as plantações.

Com mais tempo, continuou plantando, criando espaços de cultivo otimizados por hortas verticais em vasos, leiras e nichos — basicamente onde encontrasse um novo espaço para mais uma muda, uma nova semente. Palmito, amoras, bananas, inhame, cará-do-ar, cenoura, beterraba, espinafre, cúrcuma, gengibre, almeirões (roxo e comum)... "A verdade é que não vejo mais uma horta aqui, aos poucos tudo está virando um jardim comestível com uma casa no meio!", brinca Schneesche, com orgulho. Desde as tentativas iniciais, algumas plantas responderam muito bem, ao passo que outras nem tanto. "A agricultura é uma perfeita metáfora da vida", pondera o "baiamão", como se autodefine o filho de mãe baiana e pai alemão criado na zona sul de São Paulo. A infância no bairro Chácara Monte Alegre, na capital paulista, foi determinante para o seu destino na pequena Pinhal. "Tive a sorte de ser criado brincando na rua. Essa liberdade foi algo bem marcante, porque daí quando aquele pivete cresce, seu raio de atuação também se amplia", diz.

Quando percebeu que tinha já um bom volume de alimentos produzidos, decidiu criar, em parceria com um amigo de infância, a Mandala da Montanha, uma pequena empresa de comercialização de orgânicos para quem está longe da terra e quer alimentos sem agrotóxicos, mas com conexão: palavra-chave desses tempos em que a relação que restou com os alimentos se resume a selecioná-los nas gôndolas. Começaram primeiro vendendo na região e conquistaram alguns chefs locais. "Foi desse raciocínio que nasceu a perspectiva de propor às pessoas um jeito novo de consumir, pautado nos ciclos naturais, onde as pessoas dividem com o produtor os desafios e glórias do ato de plantar", explica.

Como tantas outras fazendas orgânicas do ramo, diziam semanalmente o que tinham e as pessoas escolhiam o que queriam comprar. A lista chegava, eles organizavam os pedidos e entregavam na região e em viagens semanais que faziam a São Paulo (cidade onde viviam os principais compradores), levando caixas e caixas de orgânicos no porta-malas de uma Pajero. Tudo parecia correr bem, até eles perceberem que, ao colocarem a demanda do consumidor à frente da horta, a fazenda não dava conta da produção. E eles não estavam, de forma nenhuma, oferecendo "um jeito novo de consumir".

Foi então que tiveram uma ideia intrigante, que realmente podia mudar a regra do jogo do consumo de alimentos orgânicos: e se as pessoas escolhessem o que eles iriam plantar? E se, em vez de oferecer os alimentos produzidos naquele espaço, pudessem oferecer um espaço para a produção daqueles alimentos? Revertendo a lógica, no lugar de vender legumes e hortaliças, decidiram vender a ideia de que cada um dos clientes da Mandala pudesse ter seu próprio pedaço de terra — que eles chamam carinhosamente de "leira".

Como um ex-planejador estratégico, e honrando o sangue alemão que lhe corre nas veias (a origem da sua família é Wolfsburg, cidade onde nasceu a montadora Volkswagen), Schneesche levou um ano para levantar um plano de negócios que fizesse a Mandala acontecer. "Nós estudamos de filosofia até a teoria geral de sistemas de Ludwig von Bertalanffy, passando por entender os ciclos alimentares e a cultura hacker para chegarmos ao nosso conceito", confidencia Schneesche. Do biólogo austríaco, extraíram a ideia de que o organismo é um todo maior que a soma de suas partes. Dos hackers, a atitude meio anárquica de alterar o fluxo das coisas por dentro, decodificando o que se entende como consumo de alimentos, em que alguém planta e depois vende o que plantou.

Em termos de modelo de negócios, a Mandala da Montanha constituiu-se basicamente de uma mistura de serviço de assinatura com muito do programa de CSA, segundo o qual cada cliente se tornaria "dono" de cerca de dez metros quadrados de terra e poderia escolher quais alimentos seriam plantados ali. Sob aconselhamento dos produtores, era possível determinar quais vegetais seriam cultivados no terreno entre muitos tipos de alface, beterraba, cebola, couve-flor, espinafre, até jiló e quiabo. Schneesche e seus fazendeiros ficam com a responsabilidade de cuidar das lavouras para o "parceiro" que, assim, pode contar com sua produção rigorosamente toda semana.

O objetivo é que os assinantes possam saber exatamente de onde vem sua comida, como ela foi produzida, além de ajudar a transformar terras vazias em áreas produtivas. "Pensamos em ser 'coprodutores', mais do que 'produtores', permitindo que pessoas que não podem produzir seus próprios alimentos — seja porque moram na cidade, ou porque não têm espaço suficiente nem tempo ou conhecimento para fazê-lo — consigam participar ativamente da produção de sua própria comida", acrescenta. O modelo segue a seguinte regra: uma vez por mês, cada assinante recebe uma lista com as variedades de mudas disponíveis (de mais de cinquenta variedades de um "viveiro" em constante crescimento de mudas com mais de cem espécies raras e exóticas).

Mais do que todos os alimentos produzidos em sua parcela de dez metros quadrados, o cliente — ou melhor, o coprodutor — recebe um relatório completo sobre o que foi colhido, quanto espaço foi usado e, mais importante, o que foi plantado e quanto tempo levará para crescer. "Também implementamos uma horta coletiva. Se há algo faltando no jardim de alguém, nós complementamos com o nosso, garantindo assim que a pessoa tenha sempre a comida que pediu."

O sistema de leiras também permite alguma troca de alimentos entre as parcelas, dependendo de qual alimento está sendo cultivado. Por exemplo, um pepineiro no pico da produção pode produzir de três a quatro quilos de pepino por semana. Se uma leira produzir quatro quilos do vegetal, o dono dela pode receber apenas um quilo e trocar a colheita restante com outra que produza milho em excesso, por exemplo. A equipe da Mandala ainda fica responsável por mediar essas trocas, é claro. "Mas se alguém quiser manter todos os seus quatro quilos, também pode distribuir algumas unidades para amigos e parentes ou mesmo doar para a caridade. Dessa forma, descentralizamos o modelo de distribuição de alimentos", diz ele.

O modelo de negócios ainda quer incluir uma porcentagem da receita de assinaturas para pagar os trabalhadores extras que ajudam na lavoura, o que significa que quanto mais assinantes a Mandala conquistar, mais esses trabalhadores ganharão. Isso, segundo Schneesche, representa um contraste gritante com o status quo da produção alimentar, em que os agricultores geralmente são mal pagos e quem sai com a maior parte do lucro é quem os distribui. "Queremos oferecer às pessoas a oportunidade de dominar o processo de cultivo de sua própria comida, mesmo que em pequena escala, dando o primeiro passo", afirma.

Embora represente um conceito inovador, a ideia da Mandala não é de todo nova. Em 2000, os irmãos espanhóis Gonzalo e Gabriel Úrculo resolveram inserir a fazenda de laranjas da família, em Bétera (cidadezinha da comunidade autônoma de Valência), na era digital: criaram um e-commerce que pudesse aumentar a demanda pelos frutos que a propriedade da família produz desde os anos 1970 na comarca de Camp de Túria, quando o avô comprou o terreno para produzir laranjas para intermediários.

Ambos economistas formados em Madri, eles decidiram que era preciso renovar a fazenda de 25 hectares que se encontrava praticamente abandonada em todos os aspectos — e isso incluía mudar a estratégia comercial. Não parecia tão difícil: era preciso aumentar a base de clientes sobretudo de outros países, aproveitando-se da fama internacional das laranjas valencianas, conhecidas por muitos especialistas como as melhores do mundo por sua combinação rara de abundância de suco com um extremo dulçor. Desde 1781, quando as primeiras mudas de laranjas foram plantadas com fins comerciais na região de Valência, mais especificamente em Carcaixent, o terroir valenciano (com muitos dias de sol e uma constante brisa marítima) mostrou-se muito propenso para o cultivo dos frutos cítricos, o que levou muitas famílias da região a se dedicarem ao seu plantio. Os Úrculo foram uma delas.

Por décadas, porém, todas tiveram que se submeter aos preços do mercado, sujeitando-se às flutuações das exportações e às variações das bolsas de commodities. Em 2015, o valor das famosas laranjas valencianas para os intermediários locais era de cerca treze centavos de euro por quilo, um preço impraticável para manterem o negócio. Daí a ideia de criar a página na internet para promover as Naranjas del Carmen, como batizaram a marca on-line, então tornada uma fazenda sustentável, seguindo os preceitos orgânicos.

Vender as laranjas digitalmente aos consumidores que quisessem comprá-las ao alcance de um clique representava, para os irmãos espanhóis, uma forma de se descolar dessa amarra comercial. Mas embora tenham urdido um bom *storytelling* (rememorando os tempos difíceis dos pioneiros avós em Bétera) e contassem com o diferencial da entrega das laranjas na porta da casa de seus clientes, perceberam que o e-commerce não parecia, em si, tão disruptivo a ponto de justificar às pessoas o fato de pagarem a mais por laranjas que podiam invariavelmente encontrar no hortifrúti mais próximo — ainda que em outros países. Era preciso criar uma nova relação que fosse além do consumo das laranjas frescas cortadas para o café da manhã ou para um suco agradavelmente doce no final da tarde.

Foi então que pensaram em oferecer aos interessados a possibilidade não apenas de comprar as laranjas, mas de adotar as árvores do laranjal que os irmãos herdaram — um modelo parecido com as leiras de Schneesche. A uma taxa anual de cerca de oitenta euros (que caiu para um terço nos anos seguintes), os agricultores plantam e cuidam da árvore do cliente, ou "fazendeiro", como prefere Gonzalo. Pela própria página da Naranjas del Carmen na internet, o consumidor pede a quantidade de laranja que preferir da sua árvore, seguindo uma cota anual de até oitenta quilos — a média de produção a que os irmãos Úrculo chegaram após incansáveis cálculos da produção de suas árvores por anos. "No caso de ele não consumir essa cifra, ela se acumulará para o próximo ano", explica Gonzalo. Dos setecentos consumidores regulares que conquistaram no primeiro ano, a empresa passou a contar com mais de 10 mil árvores adotadas pouco tempo depois e com uma fila de espera de centenas de nomes nos anos seguintes.

Os crescentes números da empresa no decorrer dos primeiros anos mostraram que eles tinham o trunfo de disponibilizar algo muito mais raro e significativo aos clientes do que apenas as doces e suculentas laranjas valencianas: uma conexão com o alimento por vezes perdida para muitas pessoas ávidas por reconquistá-la (não importando muito o preço a ser pago por isso). Uma ligação fácil — e, por isso, talvez, até ilusória — com a natureza, a terra e o que vem dela. A perspectiva de poder ter uma árvore de estimação plantada numa idílica fazenda no sudeste espanhol fez os números ultrapassarem a capacidade de produção e de oferta da propriedade dos irmãos em Bétera, que poucos anos antes estava fadada a uma possível bancarrota. Gonzalo e Gabriel tinham nas mãos algo realmente valioso. E sabiam disso.

A partir do modelo de negócios concebido com as Naranjas del Carmen, concluíram que seria uma boa ideia ampliá-lo a outros agricultores parceiros, incluindo novos alimentos que também permitissem implementar a mesma ideologia. Primeiro com fazendeiros vizinhos, depois até com produtores de outras partes do mundo, formando uma rede global com a ajuda da internet. Para isso, criaram uma plataforma que traduzia o nome e, sobretudo, o espírito do movimento que estavam fundando: *crowdfarming*, ou o cultivo feito coletivamente, que Gonzalo passou a vender como o "futuro da agricultura" nos meios de imprensa que abarrotaram a agenda dos irmãos com pedidos de entrevista após o lançamento. É verdade que, desde a Revolução Agrícola, que teve sua origem na Inglaterra graças aos fazendeiros que passaram a buscar soluções inovadoras para melhorar o trabalho no campo, pouca coisa de fato transformou a nossa relação com os produtos da terra nos últimos séculos em nosso constante desafio de suprir a necessidade de alimentos da população. Praticamente só as máquinas e outras tecnologias em equipamentos para a lavoura fizeram evoluir (além dos pesticidas e outros químicos, claro, mas aqui o universo é o dos orgânicos). Da semeadeira de tração animal criada por Jethro Tull às colheitadeiras com motores potentes (e ar-condicionado) que avançam sobre os vastos alqueires de soja do cerrado brasileiro, nossa interação com os vegetais só ficou mais distante.

Preconizando um modelo contrário a esse afastamento, os irmãos Úrculo atraíram um consumidor incomodado com seu papel passivo, mas nem tão disposto assim a ir além de seu ativismo de sofá: de frente para a tela, através de uma plataforma única e contribuindo com algumas dezenas de euros mensais, eles se tornaram capazes de apoiar fazendeiros de café na Colômbia, produtores de mel na Alemanha ou mesmo mestres queijeiros da França ao adotar árvores, colmeias e até vacas batizadas com seus nomes. De maneira automática, em uma operação que leva poucos cliques, passam a ser coproprietários — ou *crowdfarmers* — dessas fazendas e sujam virtualmente suas botas de barro. De quebra, claro, ainda recebem em casa seus produtos limpos, orgânicos, com origem reconhecida, fotos e relatórios dos cuidados semanais a que eles são submetidos. Uma espécie de rede global de "creches agrícolas" com dezenas de produtos disponíveis para mais de 50 mil clientes cadastrados (a maioria na Alemanha), de azeite da Provença a aloe vera espanhola de Carmona, de vinagre balsâmico de Módena a nozes húngaras. Claro, com os cuidadores mais capacitados em cada variedade.

A plataforma defende as vantagens do sistema como a possibilidade de se ter um relacionamento mais próximo com quem produz sua comida, o conhecimento compartilhado por quem está diariamente no campo ("cultivar alimentos não é a mesma coisa que fabricar pregos e parafusos", eles afirmam) e, mais importante, a transparência e a rastreabilidade de saber quem, como e onde os produtos consumidos são cultivados. Ou quase isso. Eles tratam de responder com curiosa franqueza às dúvidas dos clientes na área de perguntas e respostas do site, como: "O azeite de oliva extravirgem que eu recebo vem mesmo da minha própria oliveira?" — "Em parte, sim, mas também vem de outras oliveiras." "Como o fazendeiro pode garantir que o chocolate vem precisamente do meu cacaueiro?" — "Não podemos garantir isso." Duas oliveiras mais pra lá ou cinco cacaueiros mais para baixo parecem importar pouco, desde que venham de fato das fazendas orgânicas a algumas centenas de quilômetros da minha casa. Tão longe, tão perto: a "comida local" tornou-se um conceito que aparentemente ultrapassa distâncias.

4. Mamilo de ostras

Décadas antes da Revolução Francesa inflamar uma profunda transformação na história, uma outra revolução faiscava na Paris do século XVIII sem que fosse notada. Silenciosa, discreta, mas ela também determinante para alterar os futuros comportamentos da sociedade — ainda que tivesse menos a ver com práticas econômicas mercantilistas e direitos políticos do que com os pães e brioches da icônica frase que, segundo historiadores, Maria Antonieta nunca chegou a proferir.

Como em toda revolução, essa também teve sua espécie de herói, por assim dizer, de nome mais pomposo e menos sonoro que tantos outros que a história fez lembrar. Mathurin Roze de Chantoiseau era filho de um rico comerciante parisiense e começou a trabalhar como financista, fundando um banco e criando um inovador sistema de crédito que permitia que os mercadores de bens de luxo da França "imprimissem seu próprio dinheiro". Ou quase isso.

Roze de Chantoiseau havia desenvolvido um esquema de reforma fiscal destinado a reduzir a monstruosa dívida nacional francesa, substituindo a "ideia infrutífera e imaginária do crédito" por "cartas de crédito" reais, que permitissem às pessoas usar um dinheiro que não tinham. Era tão crente da sua ideia que, em uma nublada tarde de abril de 1789, viajou de Paris a Versalhes para apresentar sua filosofia inovadora a ninguém menos que o rei Luís XVI. Sem qualquer noção do que viria a acontecer nos meses seguintes em seu país, esperava sair do palácio reconhecido como um gênio que foi capaz de recuperar a economia francesa. Aos que julgavam sua ideia muito fantasiosa, respondia apenas: "Disseram a mesma coisa de Cristóvão Colombo". Mas aquela reunião não aconteceu como planejado, e, em vez de louvado, o Colombo do débito francês foi detido e enviado à prisão de For-l'Évêque, onde ficou por cinco meses, sob a acusação de divulgar texto incendiário.

De volta às ruas, Roze de Chantoiseau abandonou de vez a ideia de trabalhar com a esfera pública e decidiu ele mesmo implantar um novo sistema de crédito (que depois patenteou), fundando então seu banco privado, o United Departmental Bank of Commerce and the Arts. Mas embora tenha perseguido uma ampla gama de empreendimentos comerciais mais, digamos, ambiciosos, foi talvez o mais simples deles que colocou seu nome na história. Um bem menos conhecido que as transações financeiras ou aqueles que de fato conseguiram transformar a economia francesa no final do século XVIII — ao custo de algumas cabeças, é verdade. Roze de Chantoiseau foi o inventor dos restaurantes, tal como os conhecemos.

Séculos antes de ser um *lugar* para comer (como ficou conhecido várias décadas depois), um restaurante era *algo* para comer, como detalha a historiadora inglesa Rebecca L. Spang: era um caldo restaurador, capaz de restabelecer a saúde de pessoas fracas ou debilitadas, tal como uma poção milagrosa, um rico e poderoso remédio. Tal como a canja de galinha feita pela nossa avó, embora as receitas fossem primariamente distintas — e em geral mais simples, servidas como caldos ralos. Esse tipo de caldo restaurador (*bouillon restaurant*) acabou por dar nome aos estabelecimentos que os serviam, dando origem aos restaurantes que ainda hoje frequentamos. (Embora, tecnicamente, àquela época, eles fossem lugares não para socializar em torno da comida, mas um ponto de encontro de enfermos para sorver um alimento capaz de lhes devolver certa energia.)

Na origem da palavra, *restaurante* é "uma comida ou remédio que tem a propriedade de restaurar a força perdida para um indivíduo doente ou cansado", conforme a descrição do *Dicionário universal* de Antoine Furetière, um dos mais importantes lexicógrafos franceses e um dos primeiros a atribuir um significado ao termo (dicionarizado em 1835). "Consomê e extrato de perdiz são excelentes restaurantes", anotou. Outras preparações do caldo restaurador envolviam carnes saborosas (vitela, por exemplo), ervas e legumes.

A receita quintessencial — segundo François Marin, um dos mais importantes cozinheiros da geração de chefs do movimento da "cozinha moderna" francesa de 1750 — levava fatias de cebola, tutano e vitela misturados numa "limpíssima caçarola", aos quais depois eram acrescentadas ainda lascas de presunto e de cenoura e pastinaca. Ainda era preciso adicionar ao preparo um frango sadio, "recém-abatido", cujos pedaços ainda mornos eram cuidadosamente mergulhados na água fervente. Mesmo que pareça requintada, a receita é muito mais simples que as dos *restaurantes* do século XV, quando os médicos receitavam (e o verbo aqui não poderia ser mais bem empregado) que os cozinheiros acrescentassem ao caldo de galo castrado — era uma exigência que o fossem — até sessenta ducados de ouro, ao que estes costumavam complementar ainda com diamantes, rubis, safiras e qualquer outro tipo de pedra preciosa que o doutor pudesse exigir.

Com o passar do tempo, as pedras foram deixadas de lado e "restaurante" passou a ser um termo médico para indicar alimentos que continham substâncias restaurativas, como chocolate, grão-de-bico e, claro, brandy e outros destilados (que restauraram não só a saúde como também o moral de muita gente no decorrer dos séculos). Mas também passou a indicar as casas que vendiam os tais caldos restauradores, como a que Roze de Chantoiseau abriu em 1766 na Rue des Poulies, depois transferida para a Rue Saint-Honoré, no Hôtel d'Aligre. Ele se autodenominava o "autor" do restaurante, algo que depois muitos historiadores da alimentação vieram mesmo a reconhecer para a memória de seu ostentoso nome. Não foram os cafés com suas bebidas e poucas opções de petiscos, nem as tabernas e bodegas com seus "pratos do dia" e horários determinados de funcionamento. Nem mesmo as casas de comida ou as *tables d'hôte*, uma espécie de serviço de comida para clientes e viajantes somente com refeições completas e que depois evoluiu para receber as pessoas no estabelecimento, em mesas previamente reservadas — com os pedidos agendados com antecedência.

Foram os restaurantes, ou Casas de Saúde, como a de Roze de Chantoiseau, que pavimentavam a ideia de um lugar a que se podia ir quando bem se quisesse para comer o que bem se entendesse — de uma lista limitada, claro, mas que foi se tornando mais longa com o passar do tempo, evoluindo do líquido ao sólido, oferecendo aos poucos sopas de arroz e de *vermicelli*, frango cozido, confeituras, compotas e outros "pratos salutares", como Roze de Chantoiseau registrou. "O preço de cada item é especificado e fixo, e a pessoa pode ser servida a qualquer hora. Mulheres são admitidas e podem ter seu jantar preparado por um preço estabelecido e moderado", ele escreveu, criando as regras do seu estabelecimento, cuja espécie de slogan era: "Aqui estão deliciosos molhos para estimular seu paladar insosso". Ainda houve esta importante conquista feminina: pela primeira vez, sob alegação de motivos de saúde, as mulheres podiam ir ao local sozinhas para participarem de uma ocasião social pública. O restaurante como um espaço de sociabilidade urbana emergiu de um simples caldo. E transformou-se de um lugar que alguém ia apenas sob recomendação médica para um ambiente que se frequentava em busca de bons momentos.

O restaurante não se desenvolveu isoladamente, vale dizer, nem se converteu de imediato em um refúgio gastronômico para a população da época: ele evoluiu com os costumes, foi se moldando de acordo com as necessidades; e a efervescência da Revolução Francesa ajudou a ideia a pegar. Para Roze de Chantoiseau, entretanto, vender caldos restaurativos era menos sobre como administrar uma taverna do que comercializar esquemas de crédito para a monarquia. E a criação de uma nova esfera de mercado de hospitalidade e bom gosto para um homem que frequentou os círculos aristocráticos e administrativos de Paris, que escreveu panfletos sobre a oferta de dinheiro e acumulou endossos reais (pelo menos, antes de ser preso), era uma das maneiras de levar a cabo seu plano de consertar a economia francesa em meio a uma época turbulenta. Mais do que ser apenas seu criador, Roze de Chantoiseau estava idealmente pronto para ser o primeiro teórico do restaurante, aquele que podia lhe dar sua verdadeira forma.

Seu papel foi especialmente significativo, pois ele simboliza o lugar do restaurante em intrincadas redes de expansão de mercado e crescimento comercial, como diz a historiadora Spang, que pesquisou a vida do personagem mais a fundo. "O primeiro dono de restaurante viu os mecanismos estigmatizados do comércio (a circulação de mercadorias e a estimulação de desejos) como potenciais condutores de benefício social e melhoria nacional", ela diz. Mas os restaurantes em sua origem eram um retrato da sociedade da França (e em particular de Paris) daquela época e têm muito pouco em comum com a imagem que nos vem à cabeça atualmente quando pensamos em "restaurante parisiense". Mas já na década de 1820, ela diz, os restaurantes da capital francesa se assemelhavam àqueles com os quais estamos familiarizados hoje em dia — e que não só se consolidaram como o formato ainda vigente, como explicam que a ascensão da culinária francesa pelo mundo deu-se não apenas por sua comida tecnicamente refinada e pela sua capacidade de padronização das brigadas, mas pelo "modelo" de negócio ter se adaptado em cidades de todo o planeta.

O restaurante tornou-se uma verdadeira instituição cultural parisiense, um cartão-postal que até hoje simboliza uma imagem socialmente sofisticada, afetivamente indissociável do cotidiano da cidade. Até bem depois de meados do século XIX, os restaurantes permaneceram como um fenômeno quase exclusivamente parisiense, com os quais viajantes americanos e ingleses se maravilhavam quando chegavam à capital francesa, incluindo-os entre as características "mais peculiares" e "mais notáveis" da cidade. Antoine Rosny, um viajante peruano (apesar do nome francês) que visitou Paris pela primeira vez em 1801, relatou ter observado "com espanto diversas mesas dispostas lado a lado" em um lugar que não era uma *table d'hôte*, da qual ele já ouvira falar. "Minha surpresa foi ainda maior quando vi as pessoas entrarem sem cumprimentar umas às outras e sem parecer conhecer umas às outras, sentarem sem olhar umas para as outras e comerem separadamente sem falar umas com as outras ou sequer oferecerem repartir suas refeições." As pessoas passaram a consolidar seus apetites privados em espaços públicos.

É claro que existiam lugares em que era possível pagar por uma refeição antes mesmo do surgimento dos próprios restaurantes: as tabernas, mercearias, *tables d'hôte* estavam aí para comprovar que comer fora já era um hábito (nem tão dissipado) antes mesmo de Roze de Chantoiseau nascer — ainda que o modelo de restaurante que ele criou e que perpetua ainda hoje seja curiosamente algo tão recente na nossa vida cotidiana. Registros físicos inéditos de um lugar instituído onde era possível pagar para se ter uma refeição ganharam notoriedade recentemente com as prolíficas escavações do Parque Arqueológico de Pompeia: 2019 foi o ano em que muitas descobertas foram anunciadas ali — uma delas imprescindível para responder questões sobre o cotidiano alimentar do período e ajudar a explicar nossos comportamentos à mesa vigentes ainda hoje.

Na antiga cidade petrificada, cuja história foi encoberta por lava, gases superaquecidos, cinzas e fragmentos de rocha do Vesúvio numa manhã de agosto do ano de 79 d.C., a equipe do professor Massimo Osanna, diretor do parque arqueológico, encontrou os vestígios mais bem conservados de um balcão de uma espécie de "fast food" com seus afrescos quase intactos, com desenhos como aves prontas para serem abatidas e preparadas, um galo e um cão. Esse tipo de estabelecimento, conhecido como *termopólio*, era comum por todo o Império Romano (são mais de oitenta deles espalhados por Pompeia), frequentado sobretudo pelos moradores mais pobres (que raramente tinham utensílios para cozinhar em casa) para fazer um lanche ou beber alguma coisa rápida logo pela manhã, durante o *prandium*, como era chamada a primeira refeição do dia. Muitos começavam a rotina já na rua com o desjejum matinal — nosso hábito de lotar as padarias atrás de café com leite e pão na chapa não deve ser uma pura casualidade. Os primeiros termopólios de Pompeia foram descobertos quando as escavações se iniciaram no sítio arqueológico, ainda no século XVIII, mas nenhum tão conservado como o descoberto pela equipe do professor Osanna.

O menu típico incluía pão rústico, peixe em salmoura, queijo assado e vinho conservado em especiarias (que era usado também para embeber o pão). Nos relatos de uma das arqueólogas da equipe, Teresa Virtuoso, ao remover as partículas rochosas que se formaram sobre um grande recipiente de argila, era possível ainda sentir um intenso aroma de vinho. A carne na época era reservada apenas para os mais ricos. A comida já preparada e pronta para o consumo era armazenada ainda quente nos *dólios*, ou grandes talhas e jarras de cerâmica, embutidos no balcão de alvenaria para manter a temperatura, algo que hoje poderíamos imaginar como a versão romana dos réchauds nos bufês dos restaurantes self-services. Nos estudos preliminares realizados pelos arqueozoologistas no termopólio, havia evidências de duas receitas que tinham sido preparadas no dia da erupção: uma combinando carne de porco e peixe, além de outra que os especialistas acreditam se tratar talvez de um cozido ou sopa com caramujos, peixe e ovelha. No termopólio encontrado na Região V, um local de 21,8 hectares ao norte do Parque de Pompeia que passou a ser mais explorado recentemente, os pesquisadores fizeram outras descobertas interessantíssimas: de um afresco comprovando o mito de Narciso a amuletos pessoais de proteção para entidades divinas e altares de devoção, mostrando a complexa religiosidade dos moradores da cidade.

"Um termopólio foi trazido de volta à luz, com seu belo balcão com afrescos", escreveu o professor Osanna em seu perfil no Instagram, como legenda de uma foto em que uma das pesquisadoras aparece agachada segurando uma esponja diante de um dos afrescos que mostra um homem entre jarras e talhas, o que provavelmente era um tipo de letreiro para indicar o local aos clientes. Em um dos comentários, uma seguidora elogia: "Refinadíssimo esse McBalcão", uma irônica alusão ao formato de lanchonete fast food que os irmãos McDonald só vieram a tornar globalmente conhecido mais de 1800 anos depois.

Enquanto teorias trataram de afirmar que foi a Revolução Francesa a responsável por criar o modelo de restaurantes — segundo as quais os cozinheiros dos palácios se viram desempregados, o que os teria obrigado a abrir seus próprios negócios e cozinhar para os plebeus —, depois contestadas por diversos pesquisadores da história alimentar (incluindo Spang) que comprovaram que a convulsão político-social só facilitou para que os restaurantes se alastrassem, uma constatação sobre o período é certa: foi a partir de 1789 que a exploração dos espaços públicos como lugares para fazer refeições ganhou vida nas ruas parisienses e de outras cidades do país. A partir da conquista de liberdades individuais e civis, as pessoas entenderam que o ato de comer não precisava estar restrito ao ambiente doméstico, e que era possível tomar as ruas também com essa finalidade. Com o fim da monarquia, os parques reais foram abertos para o público pela primeira vez e logo se tornaram locais de convivência. Os visitantes levavam comida e bebida e passavam o dia todo ali, entre refeições com familiares e amigos. Décadas depois, durante a Era Vitoriana na Inglaterra, a prática do piquenique se consolidou e ganhou força, conquistando até os burgueses, que refinaram o costume.

Era de bom-tom que uma refeição ao ar livre para quarenta convidados contasse com pelo menos duas costelas de cordeiro, quatro tortas de carne, outros quatro frangos assados, dois patos, quatro dúzias de cheesecakes e um pudim grande de ameixas. Já com relação às bebidas, devia-se calcular uma média de três dúzias de garrafas entre cervejas, Claret (um vinho típico de Bordeaux), um ou dois Jerez e um brandy. Isso segundo o *Book of Household Management*, um tipo de livro de etiqueta publicado (a primeira edição é de 1861) por Mrs. Isabella Beeton, considerada "a avó das deusas domésticas modernas", que servia como um verdadeiro manual para as mulheres da época, compreendendo informações desde os serviços de mordomo e governantas a lavadeiras, entre muitas receitas e suas origens.

O fato é que "comer fora" ganhou um novo sentido nas grandes cidades. E com os restaurantes, principalmente, esses espaços públicos se tornaram parte da vida das pessoas, o cenário onde muitos de seus momentos importantes acontecem. De forma prática, restaurante passou a significar todo estabelecimento em que se vai para comer: você chega e se senta, em seguida um atendente uniformizado e com cordial simpatia (esperamos!) lhe apresenta a lista dos pratos disponíveis naquele dia e da qual você precisa escolher uma ou mais opções, a partir do seu gosto ou da sua fome. Na lista dos itens (que hoje pode ser apresentada também em um tablet, vá lá), ao lado do nome de cada um deles, geralmente acompanhado de uma descrição sucinta de como devem chegar à mesa, há o preço determinado para que o cozinheiro prepare e o garçom lhe sirva. E a partir do momento em que você verbaliza em voz alta a sua escolha, um acordo tácito é firmado ali: o atendente se incumbe de lhe servir o tal prato pedido e, ao fim da refeição, você deve pagar por ele (um valor sabido de antemão, sem surpresas), ainda que haja a possibilidade de não se sair exatamente satisfeito com o que comeu. Desde sua invenção por Roze de Chantoiseau, é assim que os restaurantes funcionam.

Essa é a versão simples da história que eu e você já estamos cansados de saber. Mas todos nós compreendemos que um restaurante é muito mais que isso. Ele é um dos pilares da alimentação moderna, como defende o escritor e ensaísta americano Adam Gopnik. "Se o restaurante não é a mais original das modernas instâncias e instituições, ele é certamente a mais tenaz. É o cenário recorrente para a vida moderna: somos cortejados, desprezados, recrutados, contratados, demitidos e depois atraídos para um novo emprego em uma mesa, enquanto há um garçom sempre por perto", defende Gopnik.

Isso sem contar o decisivo papel que esses ambientes desempenham para a construção da nossa vida amorosa. São poucos os casamentos que não começam na mesa de um restaurante, assim como são poucos os divórcios que não apresentam seus primeiros sinais em um desses cenários, seja através de um suspiro de ressentimento ou de um revirar de olhos de exasperação, o escritor aponta. Da infância na Filadélfia frequentando os *diners* com suas fachadas em neon da City Line Avenue aos anos em que viveu em Paris e suas reflexões sobre o prazer de comer em mesas como as do tradicionalíssimo Le Grand Véfour, aberto em 1784 e ainda em funcionamento, Gopnik se percebeu um total apaixonado por restaurantes — ainda que, depois de muitos anos como repórter, tenha se desiludido com seus bastidores. Sua paixão o levou inclusive a trabalhar duas vezes em cozinhas e a fazer profundas amizades com alguns de seus donos. "No entanto, quando penso em momentos felizes, penso sempre em comer fora. [...] O restaurante oferece a esperança de felicidade que dá ao sexo ganancioso o olhar de amor despreocupado e, tanto na esfera erótica quanto na esfera da alimentação, transforma a fome crua em apetite formal. O restaurante nos oferece não a sedução, mas o que precede a sedução, a falsa promessa de motivos puros", ele confidencia.

Não à toa, esses ambientes se cruzam na nossa memória com o otimismo da infância, com aniversários, promessas, ocasiões felizes, de um "anonimato transmutado em intimidade sem obrigação de gratidão", como Gopnik bem define. O restaurante, seja em sua forma mais abstrata, elegante ou em sua forma mais elementar, sempre pode nos levar de volta para uma magia primitiva, um clima de malícia, de prazeres roubados, um recuo do mundo. "É isso essencialmente que o restaurante promete, e com o seu propósito mais prosaico — comida trocada por dinheiro — passa para uma abordagem poética do nosso ato de comer."

Embora eu tenha, como toda gente, algumas das minhas mais saborosas memórias ambientadas em restaurantes, a minha relação mais afetiva com esses estabelecimentos só se desenvolveu mais tarde, quando já tinha que frequentá-los profissionalmente. Para quem escreve sobre comida, restaurante é muito menos um lugar para comer: o prato está lá, bem-feito, a pasta no ponto, os temperos equilibrados, muitas camadas de sabor, acidez, crocância, próximo! Mas, de certo modo, aprendemos a ver além do que nos é servido, a vislumbrar pela fresta da cozinha toda vez que o garçom passa pela porta, a entender o que precede todo o balé coordenado (nem sempre, nem sempre...) apresentado no salão.

Porque todo restaurante tem algo de encenação teatral. Nos bastidores, onde já estive diversas vezes, o chef acaba de fritar o garçom que, ao pisar no salão, veste um sorriso amarelo no rosto: "Posso servir-lhe um pouco mais da lasanha, senhor?". O molho desanda, o arroz queima, o cumim quebra uma taça, alguém escorrega, todo mundo grita. Todo mundo *sempre* grita! Mas da sua mesa o único som que se ouve, quando a música não é essencialmente ruim para nos chamar demais a atenção (aprendi, aliás, que música em restaurante só é de fato notada quando está tocando fora do tom, metafórica ou literalmente), é das confissões, das risadas, do ruído metalizado do garfo a roçar no prato de porcelana — ou de cerâmica, como prega a moda da vez. Uma ou outra lágrima, claro, um ou outro grito preso pelos dentes, às vezes. Faz parte. Tinha um amigo *restaurateur* que dizia que o burburinho do salão lotado soava ainda melhor para os ouvidos dele do que a mais bonita das óperas. Aprendi também a ouvir dessa maneira.

Mas ainda que integremos essa sinfonia coletiva (e tantas vezes dissonante), a aura do restaurante sempre esteve no fato de ele ser um ambiente tão seu quanto do vizinho da mesa ao lado, de nos permitir criarmos nossa bolha espaçotemporal em torno da mesa que orbita entre todas as outras, também se movimentando cada uma a seu ritmo, no seu lugar, sem se sobrepor, como numa coreografada constelação. Uma espécie de cosmos partilhado com diversos universos particulares, com as pessoas vivendo ali seus instantes como se o lá fora não existisse. Os restaurantes são uma das poucas experiências comunais em massa restantes na vida moderna, nos tiram de um senso de realidade particular e é por isso que ainda nos parecem um lugar tão mágico. "O salão de um restaurante é o Éden dos gastrônomos", como bem apontou o magistrado e teórico francês Brillat-Savarin. Sem essa experiência individual-coletiva, é só comida, é puro delivery na mesa.

Como o conhecemos hoje, o restaurante representa a tradução de um culto da sensibilidade do século XVIII a um sentido de gosto do século XIX, de um convívio essencialmente familiar do século XX a uma urgência social de comunidade do século XXI. E envolve uma história intrincada na qual assuntos que são frequentemente considerados não relacionados — as resenhas de restaurantes e os banquetes políticos, o zelo revolucionário e as hierarquias estéticas, os flertes adúlteros e as recomendações medicinais — se entrelaçam. "Nos últimos mais de duzentos anos, o restaurante mudou de uma espécie de spa urbano para um fórum público 'político', depois para um refúgio explícita e ativamente despolitizado", como escreve Spang. Tornou-se, cada vez mais, um espaço de hedonismo, de confraternização.

"Hoje, buscamos no restaurante o que já não encontramos em casa", me disse ao fim de um almoço em um ensolarado domingo de primavera o chef argentino Mauro Colagreco, cujo restaurante, o Mirazur, encravado na Riviera Francesa, tem três estrelas do prestigiado *Guia Michelin* e a mais bela vista para o mar Mediterrâneo que eu já pude testemunhar. "E isso também na comida." Fomos do caldo à recompensa, da restauração (no sentido medicinal) à ostentação. Hoje, há quem colecione visitas a restaurantes premiados no mundo todo como quem coleciona carros, joias, arte — um símbolo de status. O restaurante se tornou o luxo possível para (quase) todos, a ideia de felicidade mais palpável, onde todo homem com suas notas na carteira pode sentar-se e ser "tão bem ou até mais bem tratado do que se estivesse à mesa de um príncipe", como pontuou Brillat-Savarin. A tigela sobre a mesa segue quase a mesma, pronta para a colherada; as intenções por trás dela é que se transformaram enormemente.

Em uma sala espaçosa no terceiro andar do moderno prédio Bizkaia Aretoa, em Bilbao, de onde é possível vislumbrar pelas janelas as curvas metálicas do renomado Museu Guggenheim, a 350 metros dali, uma variedade de receitas era exibida como se em uma verdadeira exposição digna de figurar numa galeria. Em um balcão, havia cérebros de cordeiro cobertos por uma gosma feita de gel de ostras. No centro do espaço, placas de Petri continham pequenos fetos humanos que, em uma observação mais próxima, eram feitos de gelatina. Enquanto isso, do outro lado da sala, um grande vaso cilíndrico de vidro cheio de um líquido turvo abrigava blocos pegajosos de microrganismos boiando e emanava um cheiro quase podre de dentro. Na parte central da sala, sobre o tampo luminoso de uma mesa, proporcionando talvez a visão menos aprazível de todas, estavam dispostos preservativos comestíveis devidamente "recheados" com um líquido branco viscoso feito de *viili* (um tipo de iogurte finlandês probiótico que tem a textura de cola branca líquida). Tudo foi feito para ser provado por aqueles que tivessem coragem de fazer isso. Eu tive.

Essas provocativas criações foram servidas como parte de um simpósio sobre tecnologia de alimentos em 2017, mas elas se originaram da mente do chef Andoni Luis Aduriz, conhecido por comandar o Mugaritz, seu revolucionário restaurante localizado no topo de uma colina em Errenteria, no País Basco. Os pratos, apresentados como exemplos de como o restaurante aborda a inovação, nunca chegaram às mãos dos garçons para serem de fato servidos aos clientes. "Devemos sempre seguir a linha tênue do que podemos provocar e o que realmente pode chocar as pessoas", diz Dani Lasa, então chef responsável pelo laboratório de inovação no restaurante.

Tal abordagem alimenta os menus do Mugaritz, restaurante que em 2019 completou vinte anos de funcionamento e que, desde sua abertura, se mantém como uma das maiores referências nas listas dos melhores do mundo e nos guias que regem a alta gastronomia mundial. Desde 2011, o restaurante permanece fechado por quase quatro meses, tempo no qual a equipe da cozinha, composta de cerca de vinte cozinheiros (entre chefs e estagiários), desenvolve os novos pratos que serão servidos às aproximadamente 13 500 pessoas que o visitam de abril a dezembro. Como em uma grife de moda, as receitas ali são definidas por temporadas; não há um menu que se mantenha fixo ao longo do tempo. A cada nova "coleção", tudo é concebido do zero. Todos os anos, cerca de quinhentas receitas são criadas. Delas, pouco mais de setenta chegam aos comensais, após um processo árduo de edição, que envolve conceitos como a sazonalidade dos ingredientes da horta mantida na parte de trás do terreno até a capacidade que essas receitas têm de impactar o comensal. Esta, aliás, é uma prerrogativa dos pratos do Mugaritz: tudo é servido com o propósito de desafiar o cliente disposto a pagar mais de duas centenas de euros para comer ali.

Estranhamento, emoção, reflexão, repulsa, não importa: é preciso que seja mais do que "só" comer, pagar a conta e ir embora. Recentemente, uma criação toda feita com cogumelos congelados e um prato de enguias liofilizadas não passaram da primeira rodada de degustação. Os pratos exibidos na edição de 2018 do Simpósio de Tecnologia de Bilbao não se saíram melhor. Aduriz mantém o raciocínio e as justificativas para rejeitar esses pratos em confidencialidade, mas ele usa critérios de avaliação específicos que se tornaram mais exigentes ao longo dos anos.

Isso o fez reunir, em uma tarde ensolarada de um final de inverno, apenas cinco convidados especiais no salão principal do restaurante. Mas ainda que fosse curioso que houvesse apenas uma mesa devidamente montada no centro do amplo e moderno espaço, o que chamava mesmo a atenção era o fato de ela estar cercada por um aparato profissional de câmeras e microfones de alta definição. Sentados à mesa, além de Andoni, estavam os escritores Martín Caparrós e Harkaitz Cano, o coreógrafo Jon Maia e a jornalista Sasha Correa. Por quatro horas sentados ali, eles degustaram cerca de quarenta pratos. Mais do que prová-los, eles tiveram que ouvir com distinta paciência os cozinheiros explicarem detalhadamente os conceitos que os levaram a concebê-los: cada um defendendo suas próprias criações, justificando suas ideias.

Era a hora certa para isso: tratava-se da terceira e última degustação oficial dos pratos que comporiam o cardápio completo da temporada de 2018 do Mugaritz, que começaria oficialmente em dois meses. As reuniões de degustação são a ocasião perfeita para testar e experimentar como as pessoas interagem com a comida. Por isso as câmeras e os microfones. "Nessas degustações, não nos preocupamos em analisar tecnicamente os pratos: se é crocante, se está no ponto correto de cozimento. Quando montamos uma mesa assim, queremos ver como as pessoas de fato reagem a cada receita, para que possamos explicar um pouco sobre o conceito e observar sua interação com o que estamos servindo", diz o chef Dani Lasa.

Com um rosto fino e alongado e um olhar expressivo, Lasa gesticula o tempo todo quando fala, como se somente suas palavras não dessem conta de traduzir o que ele tenta dizer. Dá-se melhor com as receitas, diz. Ele tem sido o braço direito de Andoni desde os primórdios do Mugaritz, há quase vinte anos, e já fazia parte da equipe quando um incêndio lambeu a construção em 2010, reduzindo o espaço da cozinha a cinzas: foi depois disso que o restaurante passou a criar seus menus por temporadas, numa espécie de renascimento, já que os registros e as receitas das criações antigas se perderam com o fogo. "Depois da degustação, nos sentamos com todo o pessoal, desde funcionários do escritório a jardineiros", ele continua. "É o nosso momento para realmente questionar se o conceito que pensamos por trás da receita faz sentido na prática à mesa. Esse conceito vale a pena ser explicado, é divertido, funciona? Precisamos entender todos os meandros de cada prato para que possamos ter certeza de que entrará definitivamente no cardápio."

Ainda que o objetivo seja mesmo o de causar impacto, a equipe sofre um bocado para tentar se manter no limite da inovação. "Apesar de tentarmos ser o mais criativos possível, ainda precisamos manter pelo menos um pé no chão", explica. "Se você tem duas técnicas inovadoras e as coloca no mesmo prato, corre o risco de perder o comensal no processo. Para ser verdadeiramente inovadora, a receita precisa ter uma parte da novidade e outra parte de algo que ele seja capaz de reconhecer", diz ele. "A ruptura total não é boa para criar momentos inesquecíveis."

Nas temporadas anteriores, os pratos eram fotografados em vários ângulos e as fotos de cada uma das receitas criadas tornavam-se motivo para discussões que se seguiam mais tarde na cozinha — e que podiam levar horas ou até mesmo dias. Em 2018, pela primeira vez, a equipe decidiu registrar todas as reações através das câmeras e microfones instalados naquela tarde no salão — além da comida, em si, eles estavam interessados nos mais detalhados comportamentos gerados a partir dela: expressões faciais, linguagem corporal, palavras ditas.

Cada vez mais, o processo criativo ganhou uma metodologia própria dentro do Mugaritz. No mundo da alta gastronomia, a inovação tornou-se o ingrediente mais cobiçado e um dos mais difíceis de se obter, o que explica por que os melhores restaurantes do mundo investem cada vez mais milhões em equipes de pesquisa e desenvolvimento para criar novas técnicas, viajar o mundo atrás de ingredientes raros ou pouco conhecidos, estabelecer alianças com produtores para oferecer algo de fato exclusivo. Não há hoje um restaurante do alto escalão que não tenha uma cozinha de testes ou uma equipe de desbravadores para chamar de sua. No novo jogo da alta cozinha, inovar se tornou muito mais importante do que satisfazer.

"Como um restaurante realmente focado em inovação que sempre procuramos ser, percebemos que era necessário gerar protocolos que garantissem resultados quantitativos sobre as nossas criações. Costumávamos tentar entender inovação mais com o coração do que com a cabeça. E tivemos que mudar isso", explica Lasa. Embora o Mugaritz já tenha uma equipe concentrada em criatividade desde 2004, foi necessário modificar processos e criar metodologias ao longo dos anos, aumentando a barra a ser transposta. "Foi difícil para um restaurante do nosso tamanho pensar em 'criatividade protocolada', como acontece na grande indústria alimentícia ou em outros negócios da área", ressalta. Há algum tempo, a equipe começou a estabelecer mais e mais parcerias com entidades de pesquisa, universidades e laboratórios para encontrar em outras áreas, e não apenas na gastronomia, fontes criativas para alimentar suas ideias e pesquisas. Nos últimos dez anos, foram mais de vinte artigos técnico-científicos publicados por membros do Mugaritz ou com a participação de alguns deles.

Em um dos mais recentes, os chefs do restaurante se juntaram a acadêmicos do Centro Basco de Cognição, Cérebro e Linguagem para tentar responder a uma pergunta complicada: "O que torna a experiência de uma refeição em um restaurante especial e memorável a longo prazo?". Essa é, na verdade, uma pergunta de muito mais de 1 milhão de dólares para toda a indústria de restaurantes — especialmente os de alta gastronomia, que precisam se esforçar ainda mais para permanecer na memória de seus visitantes, já que a maioria deles os visita não mais do que uma vez por ano, segundo as estimativas do próprio Mugaritz. Mas trata-se de algo que a equipe de criatividade de Errenteria está arduamente empenhada a responder. Para isso, eles estão tentando levar o processo criativo ao limite, para entender mais a fundo como isso tudo funciona de fato dentro do cérebro de seus clientes. Lasa explica que eles se esforçam para compreender o que as pessoas sentem quando jantam no Mugaritz e como elas se lembram disso — e, então, como essa memória se transformará em um conhecimento verdadeiramente assimilado: algo que fará parte de suas decisões no futuro. Para ele, segundo pesquisas que já estão em desenvolvimento, isso tem a ver com trabalhar intensidade no decorrer da experiência à mesa. "É como um sismógrafo: há picos maiores que fazem a casa cair. Não queremos criar uma experiência completa apenas com picos, mas sim que nossos clientes tenham três horas de orgasmo", acrescenta. "Mas se quisermos ter um momento forte de recordação, devemos tentar fazer isso, buscar esse instante perfeito."

Enquanto os estudos não são concluídos, os chefs de inovação do Mugaritz têm alguns palpites de como atingir o objetivo. Há uma filosofia interna no restaurante, baseada nesse conhecimento empírico de duas décadas, que prega que a experiência é sempre mais importante do que a comida que é servida. Ali, o sabor não é "superestimado", como acontece em outros restaurantes. "Vivemos a hegemonia do gosto por muito tempo. Em um restaurante como o Mugaritz, há outros aspectos muito mais interessantes que estamos observando do que se um peixe é gostoso ou não", me conta o próprio Aduriz, enquanto estamos sentados nos bancos do jardim externo do restaurante depois de um almoço. O chef mantém um corte de cabelo curto, mas assimétrico, que lhe dá um certo jeito de roqueiro dos anos 1980. Com óculos retangulares e pequenos marcando seu rosto redondo, ele parece mais um químico que um cozinheiro — embora afirme que foi um pouco rebelde na adolescência, qualquer pessoa teria dificuldade de acreditar que ele não fazia parte da turma dos nerds. Mas essa agitação foi o que o levou a procurar na cozinha um refúgio para sua personalidade inquieta.

Tendo trabalhado na equipe do El Bulli (provavelmente o restaurante mais influente deste século), responsável por liderar um movimento de vanguarda da gastronomia espanhola ao investir em técnicas moleculares e práticas da indústria de alimentos para a alta cozinha (o que o levou inclusive a ser eleito por cinco vezes como o melhor do mundo), Aduriz incorporou a ideia de usar a criatividade como o ingrediente mais importante para inspirar, surpreender e provocar. E, assim, criar os tais momentos marcantes na mente de seus comensais. Por isso ele defende o fim da hegemonia do sabor na gastronomia — e ele parece ter certa base científica para isso.

Muitas mensagens enviadas por clientes do Mugaritz para o e-mail do restaurante foram submetidas a um estudo de um grupo de neurolinguistas, que usaram métricas para analisar as palavras mais empregadas nessas comunicações: descobriu-se que o termo "gosto" foi classificado após os dez primeiros em ordem de importância para a boa percepção do comensal sobre o restaurante. Entre as palavras que melhor expressam bons sentimentos estão a "emoção" e a "memória" — que têm mais relação com o serviço, a saudação inicial e a experiência de comer algo de fato provocador do que o gosto em si.

Isso significa que entre os pratos mais marcantes na memória de quem vai jantar no Mugaritz estão justamente aqueles que incitam o convidado a deixar sua zona de conforto, a se desafiar em frente à mesa. Em refeições que fiz em diferentes ocasiões no Mugaritz já fui induzido a provar um consomê com minienguias vivas, a morder uma pera recoberta por um fungo azul em processo de apodrecimento, a literalmente lamber um prato com um caldo de pato e a sugar um "mamilo" feito com *tartar* de ostras colado a uma esfera de gelo que agarrei com as duas mãos.

Para tirar o comensal do seu estado de comodidade, é preciso criar alguns jogos, estabelecer outras regras, impor novas maneiras ao ato de comer — algo que passou a fazer parte de como Aduriz enxerga a gastronomia, a indústria de restaurantes. "Desde o começo, nunca soube exatamente para onde estávamos indo, mas sabia onde não queríamos estar. Eu acho que funcionou de alguma forma", diz ele, duas décadas depois. Ao trabalhar mais de perto com filósofos, artistas e sociólogos, ele percebeu que o modelo estabelecido pela cena gastronômica não representava aquilo que ele queria mostrar como experiência culinária. "Eu sempre fui um escapista e a mim me impuseram um modelo com o qual eu não estava plenamente confortável, como uma pessoa que não está bem com o corpo em que nasceu", ele diz. Desde que abriu o Mugaritz, Aduriz passou a questionar o padrão, o fato de as receitas terem que ser sempre prazerosas, a ideia de agradar o cliente em vez de propor a ele uma reflexão. "Nesse sentido, o Mugaritz também sempre foi um projeto trans. Não temos gênero, por isso abolimos a palavra 'restaurante'." A decisão veio em 2014, a partir da convivência com o grupo catalão de performance artística La Fura dels Baus, com o qual o Mugaritz realiza uma série de projetos e colaborações. "O Carlus Padrissa [diretor da companhia] um dia se virou para mim e disse: 'Vocês estão sempre incomodados com a palavra 'restaurante'. Se é algo que está em você mas não te pertence, tira. Como tirar seus genitais'. Aquilo fez um completo sentido", conta Aduriz. Ainda que na prática pouco tenha mudado, já que o Mugaritz continua fazendo parte de guias (como o *Michelin*) e de listas (como a dos

50 Best) que o reconhecem como um entre os mais importantes restaurantes do mundo, o termo foi abolido de comunicados e documentos oficiais da empresa. Pelo menos internamente, o "restaurante" deixou de existir.

Isso não significa que deixaram para trás o que, para o chef, é a chave da hospitalidade que rege a relação restaurante-cliente: a de se estabelecer entre eles um vínculo intrínseco de puro hedonismo. "A indústria gastronômica mudou muito, e vai continuar mudando. Há uma lacuna nessa ideia de alta cozinha que esteve muito sujeita a regras sempre configuradas, restritas, e o que as pessoas buscam hoje, que é algo distinto, mais acessível em todos os sentidos", ele defende. O modelo colonizador de cozinha europeia, com a gastronomia francesa e "internacional" dominando os restaurantes no mundo, gerou, como consequência, um redesenho completo do setor, em que o uso de toalha de linho e talheres de prata não apenas deixou de ser necessário para uma boa experiência à mesa, como passou a indicar um distanciamento desse elo com o comensal. E há, nesse lapso, todo um novo universo para os restaurantes se reinventarem, e principalmente buscarem maneiras de resgatar no cliente essa relação primária de confiança, de prazer, de "anonimato transmutado em intimidade sem obrigação de gratidão", como defende Gopnik.

Aduriz quer (re)conquistar o seu comensal pela capacidade de duvidar. "Meu objetivo é criar um espaço onde as pessoas possam questionar", ele diz. "Quem te disse, com toda a experiência que você já tem e com tudo que já comeu no mundo, que você provou o melhor prato da sua vida? O.k., o baralho já está dividido e as cartas já foram dadas. Mas e se eu agora embaralho e distribuo as cartas novamente?" Para Aduriz, se ainda há pessoas dispostas a suspeitar, ainda há esperança. "Acho muito triste pensar que tudo já foi criado, que há quem acredite que já chegamos ao limite na gastronomia. Eu acho que não. Do contrário, nem valeria seguir trabalhando para satisfazer as pessoas em experiências à mesa." E até fora dela, por que não? Se os estudos do Mugaritz se mostrarem corretos, pode ser que a ciência comprove que a vivência em um restaurante (independentemente da forma que ele possa vir a ter no futuro) seja capaz de perdurar por muito mais tempo depois de se pagar a conta.

Para celebrar os vinte anos do Mugaritz, uma façanha e tanto para um negócio de alta gastronomia em um setor em que poucos passam dos dois anos de vida, Aduriz sabia que precisava servir algo de fato único, um prato que representasse não só as duas décadas de uma história de subversão gastronômica como, principalmente, indicasse a vanguarda que ele espera que seu projeto venha a representar nos próximos pares de anos. Algo que se destacasse de verdade dentre as mais de 1500 receitas criadas por ele e por sua equipe durante todo esse tempo de funcionamento. "Mugaritz sempre foi um espaço onde a gastronomia é uma maneira de mostrar nossas reflexões e provações para todos aqueles que nos visitam", diz Aduriz. Não podia ser diferente agora.

O chef se uniu ao musicista americano Ben Houge para criar uma experiência gastronômica multissensorial que pudesse causar um arrebatamento nos comensais que reservassem (com, no mínimo, três meses de antecedência) uma mesa no Mugaritz naquele ano. Houge, que é também professor de música da Berklee College of Music, tem um longo histórico em compor trilhas sonoras para video games, mas se apaixonou por comida e pelas interações musicais que eram possíveis de se desenvolver com ela. "A trilha de video game é projetada para mudar prontamente com base no movimento que o jogador faz, e em uma refeição ela precisa funcionar da mesma maneira, alterando-se de acordo com o que o comensal pede, quanto tempo ele leva para comer, quando chega o próximo prato", ele explica. O prato criado por eles — um bocado para comer com as mãos feito de caldo de queijo idiazabal e gordura de *jamón* ibérico, acompanhado de trigo-sarraceno com *koji* e gelatina de cogumelos — era servido em um receptáculo de madeira envolto em uma redoma de cristal e feito exclusivamente para a ocasião. A designer Jutta Friedrichs, que cria projetos que aliam tecnologia e a chamada "internet das coisas" para propiciar cidades mais inteligentes, foi convocada para desenvolver a peça, que continha todo um aparato tecnológico: de uma minicaixa de som embutida no recipiente circular de madeira a bateria de lítio recarregável e uma placa de metal ligada a um circuito sensível ao toque. A ideia era conectar as pessoas através da comida de uma maneira direta e sem precedentes.

Em um determinado momento da refeição, todos os garçons desapareciam do serviço e se encaminhavam para a cozinha, de forma que todos os pratos das cerca de sessenta pessoas sentadas no Mugaritz naquela ocasião fossem servidos ao mesmo tempo. Postados ao lado das mesas, os garçons e os cozinheiros pousavam as estruturas em frente aos comensais, retiravam os globos de vidro e saíam. Uma canção daquelas de caixinha de música emanava de cada uma das estruturas, criando um som harmonioso que tomava o amplo e elegante salão, evocando uma aura de encantamento e nostalgia. Todas elas regidas por algoritmos controlados por uma central de dados, para assegurar que as partes da canção não coincidissem, de modo que cada comensal tivesse uma experiência realmente única. Mas assim que os clientes por fim tocavam na comida, sugerida para ser levada à boca com as mãos, sons de buzina de bicicleta, guitarra, entre outros, eram acionados, como se eles tivessem apertado um botão de um brinquedo infantil barulhento. Quando as pessoas logo percebiam que podiam "tocar" com a comida, imediatamente passavam a interagir com as outras, criando uma fanfarra de sons estranhos, ao estilo de uma jam session experimental. "Era como estar em uma nave espacial, que gerava um som circular, estranho, mas envolvente", conta Aduriz. Não era raro as pessoas levantarem, rirem, baterem palmas. Houve quem ficasse perplexo, houve quem chorasse. "Criamos um prato sobre as relações: com a comida, claro, mas sobretudo a de habitar um espaço e tempo compartilhados com outras pessoas de diferentes partes do mundo." Naquele momento, o Mugaritz era mágica, espetáculo, pura hospitalidade. Tudo o que falamos quando falamos de um restaurante.

5.
Arroz solitário

Sobre uma tábua de madeira clara, três potes de plástico redondos contendo pequenas esferas coloridas entre laranja e vermelho estão dispostos dentro de uma espécie de assadeira de alumínio. Perto dos potes, um supermicrofone de alta sensibilidade, que mais lembra aqueles de programas de rádio dos anos 1950, é estrategicamente posicionado para captar qualquer tipo de ruído. De um ângulo onde a câmera só consegue captar a parte inferior de seu rosto, mostrando sua boca levemente carnuda e o fino nariz, uma jovem com traços orientais se mune de uma colher prateada e mergulha o talher nas pequenas esferas coloridas com o intuito de pescar dali a maior quantidade delas para colocar na boca. Antes, porém, mostra para a câmera os rótulos dos potes onde estão descritos os sabores e cochicha: "Este é de morango, este de manga e este aqui de maracujá", diz. "Todos são muito, muito doces", sussurra, baixando ainda mais o tom de voz, em um timbre entre o fofo e o sexy. As tais bolinhas são conhecidas como *boba* e utilizadas para fazer o *bubble tea*, uma bebida gelada inventada em Taiwan que virou febre na Ásia e depois se alastrou pelo mundo, especialmente entre a geração Z.

Originalmente feita de tapioca hidratada, a *boba* ganhou versão industrializada, produzida por meio de um processo de esferificação (com alginato de sódio e cloreto de cálcio) para criar uma pele bem fina, semelhante a uma membrana em gel, que envolve o suco de frutas processado em pequenos glóbulos que se rompem quando mordidos. E lá vai ela encher a boca com as bolinhas e mastigá-las para que explodam entre seus dentes pequenos, criando um barulho de mastigação e deglutição significativamente amplificado pela captação do potente microfone. Por 5min23s, é tudo o que Keemi, como a garota é conhecida no seu canal no YouTube, faz diante da câmera. Mais uma colherada, mastiga, engole e começa tudo de novo, para satisfação de mais de 1,6 milhão de visualizadores.

Enquanto há quem sofra de misofonia — uma condição patológica marcada por reações intensas a alguns sons específicos, como o de mastigação (o que faz com que os acometidos pela doença tenham até que evitar cinemas ou refeitórios, onde a sinfonia de dentadas beira o insuportável a seus ouvidos) —, aparentemente há quem se regozije com os estímulos sensoriais que o ato de assistir a alguém como Keemi produz, o que explica a proliferação de vídeos de pessoas se desafiando a mastigar e deglutir por muitos minutos os mais diversos alimentos na frente da câmera: de pernas de caranguejo a asinhas de frango, de aloe vera a *noodles* fumegantes. As imagens de alguém comendo — com todo o som de molhos encharcados escorrendo pelas suas mãos, de suas mastigações profundas, do estalar de lábios e até dos respingos na camisa, por exemplo — podem desencadear *braingasms*, verdadeiros orgasmos no cérebro: uma sensação de formigamento no corpo e um relaxamento posterior que cientistas chamam de Resposta Sensorial Autônoma do Meridiano (ou ASMR, na sigla em inglês).

Keemi é um dos fenômenos mundiais dos vídeos de ASMR relacionados à comida, uma celebridade global de um movimento conhecido como *mukbang*. Muito nova para quem, como eu, já passou dos dezoito anos, a expressão vem da junção das palavras coreanas *muk-ja* (que significa "vamos comer") e *bang-song* ("transmitir") e designa a atividade em que apresentadores de vídeo e youtubers filmam-se ingerindo um volume absurdo de alimentos enquanto interagem (de preferência em tempo real) com um público espantosamente numeroso. A tendência, que se originou na Coreia do Sul há mais de uma década, espalhou centenas de *mukbangers* pelo mundo, sempre sentados diante de verdadeiros banquetes com uma câmera focada no rosto e um garfo na mão, dispostos a satisfazer seus espectadores com grandes quantidades de comida. Centenas de milhares de pessoas se sintonizam a cada semana para assistir a essas transmissões. A *mukbanger* SAS, de origem tailandesa, vive em Victoria, na Colúmbia Britânica canadense. Ela bateu o recorde de quase 50 milhões de visualizações num vídeo em que aparece mastigando favos de mel por doze minutos enquanto libidinosamente lambe os dedos melados e sorve alguns goles de água para deixar a tarefa mais palatável. Em seu canal (com mais de 7 milhões de assinantes), já apareceu comendo um frango inteiro, uma dezena de macarons, pirulitos, lasanha e até um tentáculo de polvo cru.

Na Coreia, onde a onda começou, as transmissões ao vivo invariavelmente são programadas para se alinharem às horas do jantar, para que os espectadores que comem sozinhos em casa sintam que estão compartilhando uma refeição com um amigo. Afinal, lares de uma só pessoa se tornaram padrão no país. Dados da Statistics Korea — a versão deles para o nosso IBGE — mostram que havia mais de 5 milhões de domicílios individuais em meados da década de 2010 em toda a Coreia do Sul, número que aumenta cerca de 12% ao ano desde então: quatro em cada dez pessoas que vivem só no país acreditam que continuarão a viver sozinhas pelos próximos dez anos, indicando que "famílias" de uma pessoa estão se tornando o "novo normal" na sociedade coreana, como diz o órgão.

Não por acaso, a pesquisa também mostrou que 80% das famílias compostas de um único indivíduo estão nas redes sociais e que 60% delas acessam plataformas de mídia social mais de uma vez por dia, incluindo pessoas na faixa dos cinquenta anos. As plataformas mais utilizadas são o YouTube, seguidas pelo Instagram e Facebook. Prova que Keemi, SAS e outras dezenas de jovens pelo mundo (a maioria das *mukbangers* são mulheres com menos de trinta anos) tornaram-se as companhias diárias com as quais centenas de pessoas dividem suas refeições — curiosamente ainda que por trás da tela elas estejam comendo algo sem qualquer relação com a pizza para viagem que muitos engolem sem muita atenção quando ligam o computador para assisti-las, devorando porções de 6 mil calorias com enorme satisfação, sempre comprovada com inúmeros gemidos e suspiros.

A alimentação solitária é mais comum entre indivíduos de dezesseis a 24 anos, mais afeitos às tecnologias, mas também entre aqueles com mais de 65 anos, já que cerca da metade deles moram sozinhos em muitos países, como os Estados Unidos, por exemplo. O número de idosos buscando nas redes uma companhia para seus momentos de solidão também tem aumentado, inclusive (e principalmente) na hora das refeições. Afinal, até hoje, comer em grupos tem sido um ritual humano universal, algo que nos definiu como seres sociais: as refeições têm sido tradicionalmente usadas para atender nossa necessidade fundamental de conexão com outras pessoas — uma imagem da qual os mais velhos ainda têm muita dificuldade de se desvencilhar, enquanto os mais novos já encaram com impressionante naturalidade. Nos moldes atuais da sociedade, a imagem dos comerciais de margarina, com a família toda reunida para um café da manhã completo, com frutas, pães, gentilezas e sorrisos mútuos tornou-se tão rara que é até difícil lembrar quando foi a última vez que uma cena assim foi transmitida no intervalo do noticiário. Hoje, quando cada um tem um horário diferente entre aulas de inglês, escola, reuniões e tempo demais no escritório, as refeições viraram um momento impreterivelmente individual.

"Existe uma incompatibilidade constante entre a sensação de como devemos comer e como estamos realmente comendo", explica Bee Wilson, pesquisadora alimentar e autora de inúmeros livros sobre a nossa relação com a comida, no seu *The Way We Eat Now* (incompatibilidade, aliás, é algo que diz tanto da nossa alimentação atual que se tornou o tema de um dos capítulos do livro). "Comer sozinho não apenas mudou enormemente como e o que comemos, mas também como conversamos sobre nossa alimentação", ela diz. No entanto, foi uma mudança tão rápida que nem mesmo os livros de receitas, por exemplo, tiveram tempo de percebê-la: com exceção daqueles perspicazmente lançados de olho na nova onda, a maioria continua publicando modos de preparo para refeições de quatro a seis pessoas, o que hoje em dia não é mais comum no nosso cotidiano. (Isso fez com que crescesse significativamente a demanda por empresas de refeições prontas, que conseguem produzir alimentação balanceada em nutrientes mesmo em porções individuais — e que entregam em casa ou no trabalho, poupando o tempo de tanta gente.)

A questão é que as pessoas nem sempre estão comendo sozinhas por opção. Dados do Índice de Bem-Estar, publicado todos os anos na Inglaterra, mostram que comer sozinho teve impacto mais negativo nos níveis de bem-estar relatados por pessoas que sofreram algum distúrbio de saúde mental. Elas se sentem especialmente desacompanhadas nesses momentos. Ainda há um estigma de solidão em torno da refeição a sós, do qual devemos conseguir nos libertar como sociedade, sobretudo porque esse comportamento é cada vez mais corriqueiro, e tentar ver a refeição solitária como uma experiência alegre e positiva, em que é possível conhecer os próprios gostos, sem qualquer necessidade de agradar a ninguém, exceto a si mesmo.

Foi um grande amigo, Diego Bolson, que dirige um centro de *food design* no México, que me apresentou há alguns anos à expressão "*solo is the new social*" (e ao complexo conceito por trás dela). Ele argumenta que o advento das tecnologias e das redes sociais trouxe um novo reflexo importante na forma como nos relacionamos com a comida — e com os outros a partir dela. "Como eu viajo bastante a trabalho, costumo muitas vezes fazer minhas refeições em um quarto de hotel. Com o notebook no colo ou com o celular na mão, aproveito esse momento para interagir com meus amigos ao redor do mundo, atualizar a conversa. Esse talvez seja o momento mais social do meu dia", ele diz. Mesmo que tenha participado de diversas reuniões ou conduzido as palestras que costuma fazer pelo mundo para centenas de espectadores. O fato de ter um monte de gente, aliás, com o celular na mão durante as refeições não indica necessariamente uma desconectividade total por parte delas. Na maioria das vezes, o que elas buscam é, na verdade, se conectar com aqueles que lhes são de fato importantes ou com os quais têm mais intimidade: marido, esposa, filhos, amigos especiais, em vez de partilhar a refeição com pessoas com as quais nem sempre querem dispor de sua atenção.

As telas permitem que fiquemos frente a frente com pessoas em qualquer lugar que estejamos — sejam elas conhecidas ou não, como no caso dos *mukbangers* —, o que ajudou, defende meu amigo, a suprir uma necessidade de vínculo, de pertencimento. (Tanto que perder o celular nos dá uma sensação de rompimento desse elo, por isso nos parece algo tão aterrador — aquele frio na espinha quando tateamos o bolso sem encontrar o aparelho que deveria estar ali.) Hoje, a necessidade de conexão social ficou ainda mais urgente, essencialmente em momentos em que estamos a sós; basta uma linha de internet para nos sentirmos felizes, gravitando os círculos sociais que nos rodeiam. E isso pode ajudar a combater a solidão de uma refeição na sala de casa ou em um quarto frio de hotel. Ou até mesmo na mesa de um restaurante.

O *mukbang*, como fenômeno, ultrapassou a península da Coreia e acabou até em países como a Suécia, onde as primeiras estações públicas para a prática no mundo foram oficialmente inauguradas nas cidades de Estocolmo e Gotemburgo em 2017. A cadeia sueca de *dumplings* Beijing8 teve a ideia de permitir que seus clientes transmitissem direto de seus restaurantes as próprias refeições. Segundo seu fundador e proprietário, Mikael Ljunggren, a comida e as mídias sociais são realmente boas amigas: e o fato de que a comida se tornou onipresente em nossa vida digital é a prova disso. Dos vídeos de receitas do Facebook aos milhares de fotos de comida no Instagram, passando pelos muitos canais do YouTube. "A maioria dos restaurantes apenas pede que seus clientes tirem fotos da comida e enviem no Instagram junto com uma hashtag. Ou faça o check-in via Facebook", diz ele. "Nós quisemos mostrar que essa relação pode ir muito além." Nas estações bem equipadas com câmera e microfone de alta captação, os clientes podem sentar, pedir comida e, em alguns segundos, apertar um botão para compartilhar sua refeição com o mundo, caso desejem. E, graças ao alcance da internet, sempre há alguém, em alguma cidade do planeta, não importa o horário, disposto a assistir a um sueco loiro engolindo desajeitadamente alguns bolinhos asiáticos enquanto equilibra o hashi. "A comida, por si só, nos permite essa conexão, é uma linguagem universal", acredita Ljunggren.

Embora sair para comer tenha sido tradicionalmente uma atividade comunitária, o ato de comer sozinho em restaurantes também está se tornando socialmente mais aceitável (e cada vez mais comum, à medida que cresce o número de famílias unipessoais). Em cidades como Nova York, onde o fluxo de gente comendo fora é sempre crescente, o número de mesas de uma pessoa só também vem expandindo: de acordo com o OpenTable, plataforma de reservas on-line, as mesas individuais nos restaurantes da cidade aumentaram 80% de 2014 a 2018. Ainda que represente uma fatia pequena no faturamento — uma média de 10% do número de clientes —, é um pedaço do bolo que só tende a ficar mais gordo. Até mesmo em celebrações de casais, como o Dia dos Namorados, a plataforma afirma que tem registrado um aumento de pessoas que jantam sozinhas também nessas datas: 33% em 2018, em relação ao ano anterior. "Aquele que come sozinho" está mais vivo do que nunca, contrariando Baudrillard, para quem "mais triste que a miséria, mais triste que o mendigo, é o homem que come sozinho em público", como escreveu em *América*. A resposta do *restaurateur* Stephen Beckta, dono de um grupo de restaurantes em Ottawa, no Canadá, a uma entrevista concedida à BBC é que os comensais que saem para jantar sozinhos "são o maior elogio que um restaurante pode receber".

Foi em uma área residencial atrás da praça da Bastilha, em um bistrô parisiense com decoração limpa e ares modernos, que percebi que, sozinho à mesa, eu não estava solitário. Éramos um pequeno grupo de clientes sozinhos (uns seis ou sete, no máximo), unidos pelas próprias solidões. Naquela noite, no número 46 da Rue Trousseau, havia vários jovens — um de calça jeans e camiseta, outros vestidos de terno já com a gravata afrouxada, algumas a descalçar os *scarpins* apertados — que, por trabalharem o dia todo e terem pouco tempo de se dedicar às panelas em casa, estavam ali sentados em mesas individuais em busca de uma boa refeição no restaurante do bairro, um estabelecimento menor e mais barato onde pudessem calar o fragor do estômago, voltar para casa e descansar para o dia seguinte. Foram jovens como eles, aliás, que ajudaram a impulsionar todo o novo movimento dos neobistrôs parisienses: mais casuais, acessíveis e de boa comida. Gente sozinha à mesa liderando, sem saber, uma revolução gastronômica, mudando a cena culinária sem dividir a refeição nem segurar a mão de ninguém.

No começo da década de 1990, após a Guerra do Golfo, as pessoas estavam quebradas e quase ninguém ia a restaurantes em Paris. Esses estabelecimentos, que de algum modo sempre foram a alma da cidade, sentiram um baque enorme com a falta de público. Era preciso renovar a cena, criar algo novo, regenerar os ânimos. Alguns cozinheiros, como Yves Camdeborde, que atuava como *sous chef* no famoso e elegante Hôtel de Crillon, decidiu fazer algo ousado numa época em que qualquer investimento parecia ainda mais arriscado: abrir seu próprio negócio, onde pudesse cozinhar seguindo os preceitos da tradicional cozinha francesa de forma mais casual, acessível e autêntica. Abriu as portas do La Régalade, no 14º Arrondissement, e depois o popular Le Comptoir, onde se aprofundou em receitas criativas e ambiente ainda mais informal, e deu início a um movimento que o jornalista Sébastien Demorand cunhou como "bistronomia".

Com ele, vieram outros chefs com seus restaurantes: Iñaki Aizpitarte e seu moderno Le Chateaubriand, Charles Compagnon e o L'Office, Pierre Jay e o L'Ardoise, Bertrand Grébaut com seu afamado Septime, todos querendo provar que não precisavam de contas exorbitantes, toalhas de linho nem de uma estrela na fachada para atrair seu próprio público. Eram restaurantes alegres, escrupulosos com os ingredientes, fartos nas porções, inventivos nas combinações de sabores e, sobretudo, abertos a todos. Ou, como escreveu François Simon, polêmico crítico do *Le Figaro*, era uma "nova geração de bistrôs administrada por jovens chefs criativos com um treinamento formidável de alta cozinha que serviam comida honesta a preços baixos em vez de mirar o *Michelin*". Eles tiraram o pó do modelo antigo de bistrô e mostraram que era preciso trazer luz a essa instituição francesa, que passou a tomar forma ainda na invenção do restaurante, dois séculos antes. Não demorou para que jovens se sentissem atraídos por esses estabelecimentos, acolhidos por eles, e passassem a adotá-los como seus lugares cotidianos.

Com cardápios completos por vinte euros, era possível incluir visitas constantes em seus orçamentos mensais, dando-se ao luxo acessível de não ter que cozinhar em casa todas as noites, de estender suas salas de jantar à calçada do bistrô da rua. De sentar sozinho, comer bem, pagar a conta e ir embora, sem nenhum constrangimento por isso.

Segundo uma pesquisa feita em 2018 pela rede de supermercados Waitrose, no Reino Unido, oito em cada dez pessoas questionadas concordaram que jantar sozinho era mais socialmente aceitável do que cinco anos antes. Entre as pessoas que costumam fazer refeições por conta própria por escolha, mais da metade afirmara que é uma ótima maneira de ter um tempo de qualidade (ainda que, para muitas, esse tempo para si signifique mesmo mergulhar virtualmente na tela do celular e esquecer o mundo aqui fora: uma confissão feita por 23% das 2 mil pessoas pesquisadas. Isso sem contar as que podem ter preferido omitir essa informação).

Mas é um fato que, nestes tempos corridos, com limites confusos entre trabalho e lazer, as refeições sozinhas tornaram-se uma questão também de necessidade: em plena era da economia criativa, as pessoas hoje têm diferentes intervalos (e necessidades) para comer. Com o fim do horário de trabalho tal como o conhecemos — pautado mais pelos "turnos" que herdamos da Era Industrial — e com o aumento dos profissionais freelancers e autônomos no mercado (cerca de 50% da população brasileira), faz cada vez menos sentido que todos tenhamos os mesmos horários para fazer nossas refeições, sem respeitar o momento individual em que nossa fome decide se manifestar. Invariavelmente, nosso almoço pode não dar match com o do colega de mesa e, assim, terminamos sozinhos no restaurante da esquina do escritório.

Os sul-coreanos (eles, de novo!) também têm uma palavra para nosso hábito crescente de se dedicar às refeições individuais:

honbap (혼밥), uma corruptela de "sozinho" (*honja*) e "arroz" (*bap*) — ainda que *bap* também seja uma palavra genérica para se referir à comida em geral —, a expressão ganhou mais popularidade desde 2017 quando as pessoas no país passaram a assumir seus desejos de saírem para comer e beber sozinhas, sem julgamento. *Honbap* deriva de *honjok*, o termo para indicar o comportamento de pessoas que voluntariamente realizam atividades desacompanhadas, um estilo de vida que começou a ser mais absorvido em uma nação que sempre privilegiou o coletivo: o de seguir as escolhas e liberdades individuais, sem se preocupar com as pressões sociais nem atender a algumas "necessidades" impostas.

No inverno de 2012, a luz de um minúsculo apartamento localizado no quarto andar de um prédio na região de Tenderloin, em San Francisco, acesa a maior parte do tempo, denunciava uma atividade frenética que acontecia ali, inclusive durante as horas mais frias das madrugadas. Lá dentro, um engenheiro elétrico e seus dois sócios trabalhavam incansavelmente diante das iluminadas telas de seus computadores para colocar de pé a startup que eles tinham criado anos antes, cujo objetivo era construir torres para sinais de celulares mais acessíveis nas grandes cidades: uma ideia que poderia lhes render certo reconhecimento e um grande montante de dinheiro. O aporte de 170 mil dólares que receberam de uma incubadora para tocar o negócio já estava chegando ao fim e eles precisavam mostrar serviço. Os três quase não saíam de casa, já não tinham vida social e tentavam poupar o pouco dinheiro que lhes restava para o mais básico: pagar o aluguel e comer.

Geralmente devoravam *quesadillas* congeladas, pizzas da Little Caesars (a maior rede de pizzas "para viagem" dos Estados Unidos), menus econômicos do McDonald's ou *corn dogs* que compravam nos arredores do bairro central — conhecido pela sua má reputação em segurança, por suas muitas casas de shows ao estilo Broadway e pelos preços imobiliários que se mantiveram relativamente estáveis, apesar da gentrificação que assolou San Francisco. Quando desciam para comprar comida, faziam isso de forma tão rápida que passavam quase despercebidos pelos traficantes que transformaram as ruas de Tenderloin em seus escritórios pessoais. Comer era apenas uma obrigação, um verdadeiro fardo para aqueles jovens que dependiam da energia das calorias ingeridas para manter as sinapses de suas mentes avantajadas em plena capacidade. Junto com a comida rápida, mastigavam algumas vitaminas, de modo a evitar que ficassem doentes — algo inconcebível para seus cronogramas apertados de entregas.

Rob Rhinehart, um dos três empreendedores, parecia ser o mais intrigado (para não dizer inconformado) com a obrigação imposta por seu organismo de, hora ou outra, ter que parar para comer. Formado pelo Georgia Institute of Technology, em Atlanta, partiu para San Francisco mirando o oásis de novas empresas e pequenas startups que surgiam à sombra do Vale do Silício. Encontrou um mercado menos romântico, em que dezesseis horas de trabalho diárias ainda pareciam pouco para dar conta das demandas que se avolumavam. Perder tempo comendo parecia um suplício dentro dessa equação. "E se fosse possível ingerir direto os componentes nutricionais de que o corpo necessita e colocar um fim à obrigatoriedade de ingerir alimentos?", ele pensou. Como se tivesse a mais desafiadora das contendas a resolver, Rhinehart mergulhou no assunto: devorou o que encontrasse pela frente sobre bioquímica nutricional, fez cálculos de ingestão de calorias por idade e chegou a uma média de necessidades diárias, levando em conta as exigências do FDA (a agência do Departamento de Saúde e Serviços Humanos dos Estados Unidos que regula os alimentos) e do Instituto de Medicina do país. Terminou a pesquisa com uma lista de mais de trinta componentes diários necessários para fazer o corpo funcionar. Prostrou-se na frente do computador, dessa vez não para fazer cálculos de ondas de telecomunicação, mas para comprar on-line elementos como maltodextrina, proteína de arroz, farinha de aveia, carbonato de cálcio, ácido ascórbico, gluconato de cobre, cloreto de cromo, molibdênio, goma acácia, lecitina de soja, sal, entre outros. Ao receber todos eles, mediu as proporções e bateu tudo no liquidificador com um pouco de água. A mistura, insossa e pegajosa, tornou-se sua alimentação padrão por muitos dias — trinta, para sermos exatos.

Em alusão ao filme de ficção científica *Soylent Green*, lançado em 1973, que previa um futuro apocalíptico com o superpovoamento do planeta, fazendo as pessoas se alimentarem com um tipo de substância processada de mesmo nome, Rhinehart batizou sua criação de Soylent. Mas, diferente da ficção, em que, ao final, descobria-se que a matéria-prima para tal mantimento provinha de carne humana, o do engenheiro da Califórnia era uma mistura extensivamente calculada para suprir o corpo de um homem adulto. "A fórmula final é baseada nas necessidades bioquímicas do corpo", me escreveu Rhinehart, um mês antes de o produto chegar às prateleiras americanas, em 2014. Depois de muita insistência, ele aceitou responder a algumas das minhas perguntas por e-mail. Na nossa troca de mensagens, ele conta que levou um ano para chegar à fórmula final — ao produto comercial foram adicionados óleos, como o de coco, para deixar a bebida com uma textura mais agradável, cremosa, como um shake, ao ser dissolvido em água — e que o Soylent foi desenvolvido para suplantar todos os nutrientes que precisamos com cerca de 2 mil calorias por dia.

"Os testes foram feitos com outros voluntários também, mas o mais importante é que percebemos que as necessidades bioquímicas do corpo não diferem muito. Por ser um alimento básico e essencial, ele pode nutrir muitas pessoas", ele me explicou. Claro que há questões de alergias, por exemplo, mas as proteínas usadas vêm do arroz, que tem menor potencial alergênico. A ideia era que o produto pudesse ser consumido pelo maior espectro de pessoas possível. O valor de três dólares por sachê durante o lançamento também ajudou a popularizar o conceito. Mas o maior marketing por trás do Soylent está justamente na motivação que fez com que Rhinehart passasse meses mergulhado na sua concepção: a de que ele substitui as refeições.

Ele me diz que não é, claro, avesso ao ato de comer. Mas que a bebida foi criada para dar às pessoas a chance de comer apenas quando quiserem. Uma escolha que nunca tivemos, ele ressalta. "Soylent nos dá a liberdade de aproveitar melhor a comida. Vivemos em tempos muito corridos e nem sempre é possível parar e fazer uma refeição. Então, as pessoas comem qualquer coisa de qualquer jeito, só para aplacar a fome. Ao eliminar o incômodo, a complexidade e o custo de satisfazer as necessidades alimentares do nosso corpo, comer pode se tornar mais um hobby, uma celebração. Comer não pode mais ser uma obrigação", ele me respondeu. Indaguei ao jovem engenheiro se ele realmente acreditava que teríamos mais alimentos como o Soylent no mercado (sem imaginar, até então, o novo mercado que de fato ele abriria, anos depois). "Eu vejo o futuro da alimentação com a segmentação entre as refeições funcionais, como o Soylent, e refeições para o prazer", ele me disse no último e-mail que me enviou, em fevereiro de 2014.

Nos anos que se sucederam, a própria criação de Rhinehart evoluiu: uma linha inteira de produtos Soylent, do pó original (com algumas mudanças) a bebidas já prontas, com ou sem cafeína, e barras passaram a ser vendidas em países como Estados Unidos e Canadá. Mas o que ele conseguiu foi plantar, em um terreno fértil a novas ideias "disruptivas" como o do Vale do

Silício, uma filosofia que até então não tinha sido tão abertamente aventada na nossa sociedade: a de que a comida tem dois papéis distintos na nossa vida, nutrir e dar prazer, e de que podemos — devemos, como defende Rhinehart — saber separar as ocasiões de alimentação de acordo com essas duas necessidades particulares.

A principal crítica dos meios de comunicação ao Soylent no seu lançamento foi o seu sabor insosso; sua defesa era a de que "aquele líquido pálido", "com consistência de sêmen" e "sem qualquer gosto" poderia mesmo fazer as vezes de uma refeição completa, a ser engolida goela abaixo (preferencialmente tapando o nariz). O que o jovem engenheiro de San Francisco queria provar era que "refeição" não era só o que conhecíamos até então, e que tudo bem não ter prazer uma ou outra vez na hora de ingerir nutrientes se eles fossem melhor para o seu corpo do que uma deliciosa mas prejudicial barra de chocolate industrializada. O que ele queria demonstrar não é que deveríamos enxergar a comida *só* como nutrientes, mas *também* como elementos químicos que nos servem de combustível — deixando de lado, vez por outra, a ideia romântica da macarronada afetiva da vovó, que pode ser devidamente saboreada aos domingos, claro, mas que não pode ser buscada a todo custo entre uma reunião e outra de uma segunda-feira atribulada no escritório. Come melhor quem entende, e digere bem, essa dualidade, garante Rhinehart.

Antes mesmo de ter sua loja on-line e chegar aos mercados — algo que precisou de alguns milhares de investimentos de fundos (de empresas como Twitter, Uber e Facebook) e investidores-anjo para tornar a produção massiva e a rede de distribuição efetiva —, o Soylent já tinha se tornado uma febre entre jovens empreendedores que faziam, vendiam e compravam versões caseiras da bebida no eBay (Rhinehart publicou a sua receita em um blog, com o título *Como eu parei de comer comida*, exaltando a fórmula descoberta que o fazia se sentir "como se tivesse tomado o melhor café da manhã de sua vida", que logo viralizou em San Francisco e depois ganhou o mundo, com pessoas inclusive de outros países relatando os benefícios da bebida em sua alimentação). Uma prova de que outras pessoas compartilhavam a mesma "dor" do jovem engenheiro elétrico: a criação do Soylent representava um tipo de *lifehacking* comum na era da economia criativa, em que as limitações são vistas como problemas a serem eliminados da vida moderna: a necessidade de locomoção, a burocracia das transações financeiras e, claro, a obrigatoriedade das refeições.

Apesar de toda a crítica a seu discurso de eliminar as refeições (além de outras ao produto em si, que foi sendo modificado e aprimorado com os anos, após um tumulto em 2016, quando uma versão estava causando vômitos severos em seus consumidores por conta do uso de uma alga na fórmula), a Soylent Corporates se manteve firme na sua missão de "mudar a maneira como o mundo encara a comida", como diz seu material promocional mais recente. Principalmente "agora, quando nosso planeta está em um estado comprometedor que exige mudanças". O objetivo por trás de sua criação foi dar ao corpo os mesmos nutrientes que você encontraria em uma refeição equilibrada.

O grande apelo da marca é que seu consumidor faça uso do Soylent quando sabe que não pode (ou não quer — afinal, o tema aqui também é a libertação) fazer uma refeição. "As bebidas substitutivas de refeições são mais do que apenas uma maneira conveniente de obter nutrição. Elas estão ajudando aqueles que têm insegurança alimentar, ou que não possuem acesso a alimentos nutricionais, a obter os nutrientes de que seu corpo precisa", segue o texto com viés marqueteiro. A marca criou ainda o conceito de *food void* ("vazio alimentar", em tradução livre) para indicar aqueles momentos em que pulamos a refeição, ou em que nos vemos sem uma boa fonte de comida por perto, e temos que nos contentar com algo cheio de calorias vazias (alimentos calóricos, mas sem nutrientes, como bolachas, chocolates etc.). "*Food void* é a nossa maneira de descrever a situação em que você se vê obrigado a comer algo de que provavelmente se arrependerá ou até mesmo em que não come nada. Nossas bebidas substitutas de refeição foram criadas para preencher essa lacuna. São acessíveis, convenientes e incluem todos os nutrientes essenciais necessários para manter o corpo saudável", eles garantem.

De fato, o Soylent ajudou a dar uma sacolejada na indústria de alimentos: algumas marcas perceberam um crescente número de pessoas que também se viam nesse dilema entre uma refeição completa e os nutrientes necessários na impossibilidade (ou na falta de vontade) de tê-la. A comida no prato ficou ameaçada. Entre "nutrir" e realmente comer, entre comida funcional e comida por prazer, alguns chefs e empreendedores passaram a trabalhar para colocar substitutos de refeição nos bolsos de seus clientes — literalmente. Alguns deles se dedicaram a criar itens alimentares com o objetivo de moldar a categoria de snacks que começara a ganhar mais corpo: fornecendo refeições convenientes, que principalmente economizassem tempo dos consumidores. A questão, para eles, era que o Soylent tinha uma proposta muito consolidada e válida, mas perdia-se em um detalhe que fazia toda a diferença para se ter um engajamento real das pessoas que se acostumaram por anos — e séculos, se pensarmos na nossa herança genética — a comer comida tal como conhecemos: a mastigação.

Ainda que nossos dentes, na curva evolutiva, tenham ficado menores, os músculos de mastigação reduzidos e força de mordida mais fraca que outros hominídeos — graças principalmente à capacidade do *Homo erectus* de cortar, picar e manipular os alimentos antes de levá-los à boca —, a mastigação tornou-se um elo importante no nosso desenvolvimento e da nossa relação com a comida. Do peito de nossas mães, passamos a ingerir papinhas e, logo depois, alimentos que precisam dos dentes para serem triturados, diminuídos, tornados fáceis de deglutir. Mastigar, portanto, é um ato imprescindível na forma como aprendemos a nos alimentar, estabelece uma relação tátil e afetiva com aquilo que nos nutre.

Foi a partir desse pressuposto que novos empreendedores da alimentação perceberam que era preciso evoluir a forma dos alimentos na linha do Soylent, passando do líquido para o sólido, em que as pessoas tivessem que usar suas pequenas ferramentas ósseas instaladas na boca. As barrinhas, de repente, pareciam o melhor formato para isso: convenientes, portáteis, fáceis e mastigáveis. Mas, para abandonar a ideia das antigas barrinhas como apenas uma nova maneira de enganar a fome, a distinção dessas barras da nova geração era a de que, se elas pretendessem substituir os consumos alimentares regulares em porções menores e mais frequentes, deveriam fazer isso com produtos feitos com ingredientes reconhecíveis. Pensá-las como uma refeição completa, reconhecível, instigante — só que em formato retangular e de bolso. As barras que passaram a inundar as gôndolas dos mercados a partir de meados da década de 2010 permitiam fornecer a quantidade certa de nutrientes que o corpo adulto precisa, onde quer que se esteja, sem necessidade de mesa, garfo e faca ou qualquer outra coisa.

"Pense em todas as ocasiões em que você não está em casa, mas tenta encontrar boa comida. Em vez disso, o que acha? Sanduíches, salgadinhos, snacks à base de muito açúcar", me explica Ivan Perez, da Die Kraft des Urstromtals ("a força do vale glacial", um nome curioso para uma empresa de alimentos), uma das marcas pioneiras nessa nova forma de enxergar esses substitutos alimentares, fundada em Berlim. "Nossas barras mantêm você em movimento por várias horas, seja como uma refeição no café da manhã ou como lanche no meio da noite", ele diz. A Die Kraft produz barras veganas e paleo com ingredientes inusitados como pimenta, carne de caça (como veado) e até alho nas receitas. Exceto pelo fato de que todos os ingredientes são compactados, é um tipo de alimento que qualquer pessoa — mesmo nossos ancestrais nas cavernas com seus pré-molares mais avantajados — reconheceria imediatamente como comida. Essa é uma preocupação que guia a maior parte dessa nova geração de substitutos de refeição. "Não trituramos os alimentos para transformá-los em uma pasta marrom irreconhecível", diz Perez. Em vez disso, o lema é deixar os ingredientes do maior tamanho possível, para que o cliente perceba um novo sabor a cada mordida.

O negócio, que ele iniciou com amigos, fazendo suas barras para consumo próprio, evoluiu a ponto de eles sentirem que outras pessoas de seus círculos sociais também tinham a necessidade de substituir suas refeições por opções que fossem fáceis, mas completas, ao mesmo tempo saudáveis e que trouxessem saciedade similar à de quem sentou-se à mesa para comer. As barras feitas por eles são de fato nutritivas, pedaçudas e realmente fazem o estômago se acalmar por pelo menos um par de horas. "Elas são ótimas para uma refeição em movimento, quando você não tem tempo nem para se sentar."

O que as companhias como a Die Kraft e a Soylent captaram é que as pessoas hoje tendem a comer quando sentem fome, mas nem sempre querem parar o que estão fazendo para isso ou nem sequer ter que esperar a "hora da refeição". Elas querem uma resposta imediata (para tempos imediatistas) a uma exigência do corpo, querem opções que estejam à mão para encobri-la, ou até, com alguma sorte e muitas calorias, calá-la. Um estudo divulgado pela empresa de pesquisa de mercado NPD Group aponta que as visitas a restaurantes durante as "ocasiões de lanche" (ou seja, entre as refeições) aumentaram 3,8% em 2017 nos Estados Unidos. Enquanto isso, as visitas em horários de almoço caíram 2% e em jantares diminuíram cerca de 1% — um percentual pequeno, mas que indica um novo modo de comer, pautado por "horários livres". E à medida que as pessoas continuam a trabalhar 24 horas por dia e estão viajando mais do que nunca, elas tentam se encaixar cada vez mais nesse novo modelo.

Lucie Greene é diretora global da WT Intelligence, uma consultoria que prevê o comportamento do consumidor e está de olho em tendências de estilo de vida em todo o mundo antes mesmo que elas sejam percebidas. Ela me conta que, como conceito, as barras são o contraponto perfeito à nossa obsessão por comida, experiências e comer fora, o que muitos consumidores agora veem como um ritual. De um lado, restaurantes nas montanhas produzindo seus próprios alimentos, servindo comida recheada de *storytelling*, em globos de cristal iluminados que descem do teto (sim, isso é real: eu mesmo já experienciei!); do outro, barras e snacks nutritivos, orgânicos (claro!), fáceis para comer a qualquer hora.

Os consumidores estão mais sofisticados do que nunca na compreensão de dietas, níveis de energia e na conexão entre o que comem e sua função mental, cuidados com o corpo e a relação com a produtividade: os nutrientes já importam tanto quanto o sabor. E esses substitutos de refeições permitem suplantar os modelos tradicionais de café da manhã, almoço e jantar em busca de planos e horários mais alternativos de alimentação. "As pessoas estão usando esses alimentos como uma maneira de gerenciar sua saúde e nutrição mais facilmente, mas sem abdicar das refeições nos fins de semana ou da ideia de ir comer no mais novo restaurante da cidade", acredita Greene. Ao criar uma nova geração de alimentos como um pequeno retângulo que vale por um almoço ou uma garrafinha de plástico que contenha um líquido com as quantidades exatas para matar a fome e melhorar o ritmo do dia, empreendedores do ramo como Rhinehart e Perez estão redefinindo a maneira como comemos e colocando os substitutos de refeição cada vez mais comuns em uma barra mais alta — aquele tipo que você pode tirar do bolso a qualquer momento para um banquete completo, ainda que solitário.

Enquanto sociólogos da alimentação torcem o nariz para o movimento, o mercado avança mais rápido, vendendo o conceito de que nossa subsistência alimentar pode ser aplacada com doses de nutrientes meticulosamente calculados — e fáceis de ingerir. Com ele, a ideia de que talvez tenhamos que nos libertar da concepção romântica de que comer *precisa* ser sempre um ato de prazer social, afetivo, de congregação. Para algumas pessoas, o que se coloca no prato pode ser apenas um acessório; e alimentar-se, pura formalidade. Comer pode significar simplesmente ingerir e responder a uma necessidade biológica entrelaçada com alguns momentos de prazer — não o contrário.

Com o advento da nutrição personalizada e com muito mais conhecimento sobre nossos corpos (graças a sensores futuramente ligados a nossos relógios, roupas, cama), nossas decisões alimentares tendem a ser cada vez menos emocionais e muito mais racionais. Empresas, como a gigante Nestlé, já investem alto no mercado, com produtos e até serviços de assinatura que permitem combinar uma centena de vitaminas e suplementos alimentares diferentes, podendo fornecer mais de 5 trilhões de combinações de pacotes de nutrientes em pílulas completamente personalizadas, que chegam à casa dos assinantes em embalagens individuais de consumo diário. Até mesmo os vasos sanitários poderão estar conectados a um sistema de captação de dados capaz de medir na hora o teor de vitaminas e minerais na nossa urina, por exemplo. No restaurante, será a tela do celular que indicará o melhor pedido a ser feito, seguindo a opção que melhor corresponde às nossas necessidades atuais em relação a micro e macronutrientes. Esses sensores fornecerão informações a uma inteligência artificial que nos ajudará a adaptar nossa própria dieta perfeita seguindo necessidades pessoais. E isso representará cerca de 80% da nossa ingestão no futuro, segundo preconiza o futurista inglês Tom Cheesewright.

Se por um lado isso tem lá grandes vantagens para conquistarmos uma saúde de ferro, por outro pode tornar as refeições um bocado mais enfadonhas: comer só o que faz bem e não aquilo que se deseja — as tais indulgências de gordura, carboidrato, açúcar e afeto. Em contrapartida a esse marasmo alimentar (ele e outros especialistas apostam), buscaremos o outro lado da moeda e preencheremos o restante de nossas refeições com experiências hedonistas ainda mais significativas que antes para alimentar nossas referências gustativas herdadas, aplacar nossas memórias mais afetivas, nos conectar com os alimentos tal como são concebidos na natureza e lembrar que comida é também reunião, dado seu caráter essencialmente social, como provou o estudo do Mugaritz. Pode parecer contraditório (e é!), mas alimentação é uma questão de momentos, desejos, nada absolutamente estanque, como aliás são as nossas próprias vontades.

6.
Carneplástico

Na noite de 8 de março de 1931, em um jantar realizado no recém-reformado restaurante La Taberna Santopalato, em Turim, uma equipe de austeros garçons servia para um público composto de artistas, poetas e jornalistas pratos como o Caldo Solar, o Antepasto Intuitivo, os Reticulados do Céu e, claro, a Carneplástico, que, àquela altura, já tinha se tornado relativamente conhecida entre os entusiastas (e também entre os críticos, vá lá) da Cozinha Futurista, surgida como um tempestuoso movimento teórico e estético pouco menos de um ano antes daquele banquete nada convencional. Aquela noite, porém, era a prova de que os futuristas queriam deixar os livros e as discussões conceituais e ir para as mesas, mostrar que a cozinha que pregavam podia ser degustada, mastigada, engolida, digerida e assimilada.

Pela primeira vez em um restaurante aberto ao público, as pessoas poderiam provar as criações do grupo, como a icônica receita cárnica, uma interpretação sintética das hortas, dos jardins e dos prados italianos, constituída, grosso modo, de uma grande almôndega bovina moldada em formato cilíndrico e recheada com onze variedade de verduras previamente cozidas. O rolo de carne, disposto verticalmente no centro do prato, era coroado por um molho espesso de mel e sustentado na sua base por um anel de linguiça apoiado sobre três esferas douradas de carne de frango. Tal como um monumento comestível, a Carneplástico, criada pelo aeropintor futurista (como ele mesmo se definia) Fillìa, era erguida nos pratos diante dos comensais para exaltar uma nova gastronomia que pregava "modificar radicalmente a alimentação de nossa raça, fortificando-a, dinamizando-a e espiritualizando-a com novíssimos alimentos nos quais a experiência, a inteligência e a fantasia substituíssem economicamente a quantidade, a banalidade, a repetição e o custo", como bem definiu o poeta Filippo Tommaso Marinetti em um dos textos que baseou a teoria do movimento futurista criado por ele, Fillìa e alguns inquietos intelectuais e artistas italianos.

Para seus fundadores, até aquele momento, "os homens vinham se nutrindo como as formigas, os ratos, os gatos e os bois", ou seja, de uma forma puramente fisiológica, instintiva e animal. Por isso, nascia com eles uma inédita cozinha verdadeiramente humana, uma arte de alimentar-se que excluía o plágio e exigia a originalidade criativa acima de tudo. Ao olhar para o futuro, eles buscavam propor uma abordagem totalmente inovadora para a nossa forma de comer, "regulada como o motor de um hidroavião de alta velocidade", capaz de levar a raça humana adiante em desenvolvimento, em engenhosidade. Tal como o *Homo sapiens* encontrou na cozinha com fogo uma forma de dar um salto evolutivo, os modernistas acreditavam que a alimentação era a chave para uma nova mentalidade humana: mais desenvolvida, mais arrojada.

No manifesto dos futuristas, eles propunham abordagens inovadoras para a gastronomia que envolviam a abolição do garfo e da faca (em prol de um "prazer tátil pré-labial), a inclusão de perfumes no serviço "para favorecer a degustação" e a adoção de instrumentos científicos na cozinha, como aparatos de destilação, eletrolisadores para decompor sucos e extratos, e até mesmo lâmpadas ultravioletas — por acreditarem que muitas substâncias alimentares pudessem adquirir propriedades ativas quando expostas aos tais feixes de luz. Entre os mandamentos dessa nova abordagem culinária ainda estava a supressão do cotidianismo "voltado aos prazeres do paladar", a "originalidade absoluta dos alimentos", o "uso da música, limitado aos intervalos de prato em prato" e a criação de bocados simultâneos que contivessem "dez, vinte sabores degustados em poucos instantes", numa tentativa de criar uma "função intensificante análoga à que as imagens têm na literatura". A "comida perfeita" tinha até regras rígidas de etiqueta à mesa que impunham evitar a todo custo defeitos que pudessem contaminar os banquetes oficiais do grupo, tais como "o desgosto produzido pelos insolúveis problemas mundiais" e "a absoluta reserva de diálogos", especialmente os políticos.

Uma das maiores polêmicas criadas pelo movimento futurista — e que talvez o tenha alçado a tema de acaloradas discussões em páginas e páginas de jornais, primeiro na Itália e depois até mesmo em países como França e Alemanha — foi o incitamento da abolição total da *pastasciutta*, ou seja, do consumo das massas no cotidiano dos italianos. Para os futuristas, a massa representava uma escravidão, uma "absurda religião gastronômica italiana" de que era preciso se libertar em prol de uma nova cozinha. "Talvez os ingleses se beneficiem do bacalhau e do rosbife, os holandeses, da carne cozida com osso, e até mesmo os alemães de seu *sauerkraut* e do salsichão, mas aos italianos a *pastasciutta* de nada nos beneficia", dizia um dos mandamentos. Não é preciso dizer que dezenas de artigos foram escritos hostilizando ou apoiando a ideia, uma discussão que se prolongou por semanas depois em gazetas e libelos, nas praças e nos cafés.

Apesar de suas ideias controvertidas, eles não miravam a polêmica vazia, mas defendiam uma alimentação que acompanhasse uma "vida aérea e veloz" iminente; para isso, era preciso uma alimentação que permitisse que os homens criassem e se desenvolvessem. Ainda que reconhecessem que homens mal ou grosseiramente alimentados haviam realizado grandes coisas no passado, eles pregavam sobretudo o que era, para o movimento, uma espécie de axioma: "Só se pensa, se sonha e se realiza segundo aquilo que se bebe e se come". Os futuristas seguiram se alimentando dos Corações oportunistas de Alcachofra, da Espuma hilariante de Cinzano e sorvendo o Caldo de rosas e sol e as Lágrimas do deus Gavi. Seguiram pensando e sonhando, mas suas realizações não foram muito além daquelas páginas de jornais transformadas em passado poucas semanas depois. O movimento se consagrou como uma referência teórica, uma nota de rodapé na história da alimentação, o início de um capítulo deste livro. Não muito mais que isso...

Décadas depois daquele banquete que pretendia ser uma celebração em torno de uma nova e transformadora maneira de se alimentar, o mundo, e não só a Itália, seguiu comendo massa — aliás, uma das comidas mais difundidas em um universo cada vez mais globalizado, especialmente com o advento da indústria alimentar. E seguiu fazendo isso com garfo e colher (nas melhores famílias) em punho. A verdade é que ainda cozinhamos como na Idade Média, com fogo e caçarola, e ainda comemos como no Império Romano, com talheres e pratos, pão e vinho. "Por que mantemos esse comportamento obsoleto na alimentação quando a humanidade está explorando até mesmo os limites externos do sistema solar?", pergunta o físico-químico e gastrônomo francês Hervé This.

Marinetti e Fillìa não foram os primeiros (nem serão os últimos) teóricos a tentar imaginar um futuro para o nosso ato alimentar. Na década de 1890, o químico francês Marcellin Berthelot profetizou que, nos anos 2000, a prática de cozinhar teria acabado e os seres humanos se alimentariam por pílulas. Desde a era espacial, a ideia de refeições por comprimidos tem sido um traço permanente de nossas fantasias alimentares.

Os filmes de ficção científica espacial ajudaram a fomentar o mito de uma refeição completa vertida tranquilamente goela abaixo com a ajuda de um pouco de água. Porém, mesmo com o advento dos alimentos industrializados e dos suplementos alimentares, a prática de cozinhar persiste. É através desse ato — o de manipular e transformar o alimento, geralmente por meio do fogo — que as pessoas ainda mantêm a maior parte de suas refeições (ainda que elas possam ser preparadas por terceiros ou até, cada vez mais, por robôs). Tanto que até mesmo astronautas devem passar, eles mesmos, a cozinhar sua própria alimentação quando em órbita. A rede de hotéis DoubleTree by Hilton anunciou que enviaria um pequeno forno e um lote de massa de biscoito para a Estação Espacial Internacional, para que os astronautas pudessem, pela primeira vez, assar seus biscoitos de chocolate no espaço. Os biscoitos viraram o símbolo da rede (com receitas copiadas e reproduzidas em diversos canais da internet) e podem ser "a comida perfeita para tornar o cosmos um lugar mais acolhedor", segundo um comunicado marqueteiro da DoubleTree — que espera, com esse primeiro passo, avançar alguns poucos anos-luz na corrida de empreendimentos de hospitalidade espacial.

A Zero G Kitchen, uma pequena empresa nova-iorquina fundada pelo casal Ian e Jordana Fichtenbaum, com a ajuda da Nanoracks, que cria e hospeda equipamentos de pesquisa espacial, projetou o primeiro forno feito para encaixar-se perfeitamente no conjunto de instrumentos experimentais existentes na Estação Espacial Internacional que permite fazer assados em órbita terrestre baixa — ou seja, abaixo de 2 mil quilômetros. A primeira receita a sair quentinha do forno no espaço. Um sabor provavelmente muito mais reconfortante para o paladar dos tripulantes que as refeições desidratadas em *pouches* (bolsas de longa conservação), como o coquetel de camarão reconstituído, já clássico entre os tripulantes da Nasa;

ou as texturas geralmente pastosas para evitar derramamentos flutuantes e migalhas nas naves impossíveis de limpar, como no caso do famoso arroz pegajoso, criado para se aglutinar mesmo em gravidade zero.

A alimentação dos astronautas evoluiu — involuiu? — muito desde as primeiras missões: de uma comida pastosa vertida através de tubos (como nas pastas de dentes, inovação do início da corrida espacial) a uma dieta muito mais parecida com a que temos em solo terrestre. E esse é o propósito silencioso da Zero G Kitchen, que começou discretamente em 2018 seu projeto em caráter experimental: colocar uma cozinha completa no espaço, permitindo assim que os futuros residentes celestes preparem refeições frescas (com vegetais idem, também cultivados nas naves), tanto em hotéis orbitais, que devem se tornar comuns no futuro, quanto em missões de longo prazo como as previstas para Marte. O ato que nos definiu como seres humanos levado a outras galáxias, quem sabe.

Desembarcados de volta à Terra, vendo daqui, o futuro da nossa alimentação ainda parece nebuloso. É demasiadamente humano o exercício de querer prever os fatos que possam ocorrer adiante de nossos dias: há algo que acalma nossa ânsia existencial nas previsões futuristas, na tentativa de vislumbrar pela fresta do tempo como será o amanhã. Com relação à forma como comemos, não é diferente. Ainda nem bem terminamos o almoço e já estamos pensando no jantar, qual será o café do dia seguinte. É do nosso instinto: a maior parte do esforço humano no decorrer da sua história tem sido devotada a caçar, colher, plantar, cultivar, transportar e preparar sua comida. O que teremos à mesa, pois, é das perguntas mais importantes para a nossa permanência neste mundo (que digam os sobreviventes de guerras e de grandes catástrofes) — compreensível que a façamos o tempo todo. Mas a prática é mais arte do que ciência, geralmente baseada em não muito mais do que observar o que já está se passando.

Para o físico-químico This, um dos teóricos da gastronomia molecular (talvez a última garfada de ousadia a que a alta gastronomia permitiu se aventurar), vivemos uma "estagnação técnica" na culinária. Ainda que tenhamos tido avanços na forma de transportar e conservar os alimentos (das banhas e salmouras, fomos aos enlatados, depois aos hermeticamente fechados), assim como na maneira de produzi-los, nossa alimentação em si pouco progrediu proporcionalmente ao tempo que de fato começamos a cozinhar — até mesmo quando criamos novos alimentos, é sempre numa tentativa de emular o que já conhecemos, o que está estabelecido (o queijo vegano, o hambúrguer sem carne, o purê de batata liofilizado). Teorias evolucionistas para explicar isso vão da autopreservação (comer sempre a mesma coisa é mais seguro do que explorar ingredientes por aí) a um tipo de comodismo alimentar, já que no cérebro o sabor familiar traz uma sensação de reconhecimento, o que nos permite relaxar, conscientes de que a comida foi preparada de acordo com um conjunto de regras estabelecidas pelo tempo e que provavelmente não vai nos fazer mal, tampouco nos matar. No fundo, somos mais conservadores com aquilo que vai ao nosso prato. A alimentação está entre os hábitos aos quais somos mais apegados — o que se explica pelas tradições imporem um importante peso sobre eles. Por isso, as disrupções à mesa demoram mais a serem adotadas.

A questão central para o nosso futuro à mesa, portanto, é justamente uma prevista redução desses tais "ingredientes por aí": os recursos do planeta não devem dar conta de alimentar bem uma população que deve bater os 9,1 bilhões de habitantes até 2050, segundo estudos da FAO, o órgão ligado à alimentação da ONU. As projeções demográficas são alarmantes: o solo e os recursos hídricos do mundo estão sendo explorados a "taxas sem precedentes", segundo um recente relatório da ONU, o que, combinado a uma acelerada mudança climática, está colocando uma pressão extrema sobre a capacidade da humanidade de se alimentar.

Preparado por mais de cem especialistas de 52 países, o relatório avultou que a nossa janela para lidar com a ameaça está se fechando rapidamente. Meio bilhão de pessoas já vivem em áreas desertificadas, e o solo está sendo perdido de dez a cem vezes mais rápido do que está se formando, segundo os dados. A mudança climática tornará essas ameaças ainda piores para o nosso planeta, à medida que inundações, secas, tempestades e outros tipos de condições meteorológicas extremas devem encolher ou até interromper o suprimento global de alimentos. Para tentar reverter, ou pelo menos amortecer, tamanho impacto de uma iminente crise de alimentos, os estudiosos afirmam que precisamos de uma grande reavaliação do uso da terra e da agricultura em todo o mundo, bem como de um comportamento mais engajado do consumidor. Algumas soluções incluem aumentar a produtividade da terra, diminuir drasticamente o desperdício de alimentos e persuadir mais pessoas a mudar suas dietas à base de carne, especialmente a que provém de gado de corte.

Talvez só mesmo grandes autores de ficção científica poderiam ter previsto o mundo em um cenário tão, digamos, calamitoso — um *blade runner* veraz e aterrador quando a tarde subitamente vira noite. Carros autônomos voadores e clones humanos talvez tenham que conviver com uma realidade alimentar diferente da que temos hoje, provavelmente com grandes laboratórios para processar proteínas sintéticas, enormes fazendas de insetos, fábricas de alimentos reconstituídos e alguns sítios orgânicos aqui e ali, para não desiludir os românticos, quem sabe. Daqui do presente, de onde digito estas linhas, alfaces cultivadas em modernas fazendas verticais indoor geridas por robôs, proteínas produzidas somente à base de plantas, cafés feitos sem nenhum grão, alimentos desenvolvidos com inteligência artificial e alguns gafanhotos desidratados e até farinhas de baratas já fazem parte da dieta humana — mesmo que ainda não da sua. Mas é tudo uma questão de tempo, dizem os pesquisadores. ("Tomara que não!", posso ouvir de alguns leitores.)

Em um possível panorama de escassez dos recursos naturais e de áreas agricultáveis ante uma população crescente, a saída é buscar formas mais efetivas de produzir alimentos. Ou mais em menos espaço, por assim dizer, tanto nas fazendas quanto nas fábricas. Nesse sentido, poderemos ver uma nova perspectiva alimentar tomando forma com a ajuda da mais avançada tecnologia para processar alimentos mais saudáveis e nutricionais e também criar combinações genéticas nunca imaginadas para produzir legumes que combatam sérias doenças, por exemplo (e ainda assim que possam ser provenientes de técnicas de cultivo orgânicas).

Porém o mais promissor futuro da alimentação talvez tenha uma relação maior com a forma como veremos, cada vez mais, a comida como um combustível (aditivado, claro) capaz de nos oferecer energia para chegarmos mais longe, como queriam os modernistas. Raymond Kurzweil é especialista em inteligência artificial e ostenta desde 2012 o cargo de chefe de engenharia no Google; também é considerado o principal oráculo da gigante norte-americana, alguém que a cada frase proferida é capaz de transformar os rumos de departamentos de pesquisa e inovação nas maiores companhias do planeta. Se você já usou algum escâner de mesa para digitalizar seus documentos, digitou mensagens rápidas no teclado sensível ao toque do seu celular, ou conversou com a assistente de voz para pedir informações, deve muito a ele. No mundo da cibercultura californiana, o futurista ficou conhecido sobretudo por suas opiniões sobre o transumanismo e sua abordagem alegre — ou “tecnotimista” — das tecnologias de extensão da vida.

Lá pelo ano de 2045, ele acredita que o cérebro humano deverá estar ligado a uma inteligência artificial, que lhe permitirá aumentar sua capacidade intelectual cerca de 1 bilhão de vezes, poucos anos depois que o mundo atingir a singularidade, a hipótese segundo a qual a máquina poderia enfim ultrapassar o homem (o que, para ele, aconteceria em 2029). Para Kurzweil e outros adeptos dessa escola de pensamento, que passou a ganhar força a partir da década de 2000, esse cenário não é uma catástrofe para a raça humana, mas sim a sua evolução — um acontecimento inevitável e desejável, capaz de nos tornar melhores. Se a nossa relação com o fogo (e, consequentemente, a forma de nos alimentarmos) foi capaz de transformar as aptidões e até mesmo as dimensões do nosso cérebro, por que é que não poderíamos fazer o mesmo com uma conexão com a tecnologia criada por nós mesmos?

Para abrigar um supercérebro cibernético, porém, enfrentaremos outro desafio: construir um corpo igualmente potente, que permita sobretudo o prolongamento da duração da vida com boa saúde, para que o avançado intelecto possa gozar de toda a sua capacidade por um longo período, e não ficar restrito a apenas algumas décadas de vida. Os transumanistas defendem que conseguiremos frear o envelhecimento por mais de quarenta anos, permitindo, ao final, viver para sempre. Para eles, a mortalidade é uma doença a ser combatida. Kurzweil acredita que é a nossa dieta que pode sobretudo nos ajudar a viver para sempre. De sua parte, o futurista gasta cerca de 1 milhão de dólares por ano em pílulas dietéticas e numa forma de manter uma alimentação correta para isso. No café da manhã, geralmente consome uma tigela de frutas vermelhas, um prato com salmão defumado e cavala, seis pedaços de chocolate amargo infundidos em expresso, uma caixinha longa vida de leite de soja sabor baunilha, uma tigela de mingau de aveia e uma xícara de chá verde. Cerca de trinta comprimidos (para o coração, para a saúde ocular, para o melhor desempenho sexual, para o cérebro, para a pele...) completam a refeição matinal de pouco mais de setecentas calorias com foco em "carboidratos saudáveis", como ele diz. As frutas e o mingau têm muitas fibras, enquanto o peixe e o leite de soja são boas fontes de proteína. Já as pílulas, que representam cerca de um terço de sua ingestão diária, incluem coenzima Q10, luteína, extrato de mirtilo, glutationa, vinpocetina e piridoxal-5-fosfato. Sua mulher e seus filhos também seguem os tais regimes suplementares.

Kurzweil se diz um homem que aprecia "todas as comidas", embora tenha ficado mais obcecado pela longevidade e pelo papel da refeição na saúde desde que o pai teve um ataque cardíaco quando o futurista ainda era um adolescente. O pai morreu aos 58 anos; ele tinha apenas 22. Foi aí que percebeu que, sendo diligente, poderia superar qualquer disposição genética. Bastava reconsiderar tudo o que ingeria. Em 2010, Kurzweil se juntou ao médico Terry Grossman para compilar suas ideias sobre alimentação e nutrição para o futuro no popular livro *Fantastic Voyage: Live Long Enough to Live Forever*, [Viagem Fantástica: Viva bastante o suficiente para viver para sempre] no qual eles afirmam que nas próximas décadas nós seremos capazes de reestruturar a forma como fornecemos nutrientes às nossas células, de uma maneira nunca antes imaginada.

Segundo as projeções compiladas, na década de 2020 *nanobots* serão desenvolvidos para melhorar o sistema digestivo humano e, em 2040, por mais radical que isso pareça, poderemos até eliminar nossa necessidade de alimentação. Considerado pelo cofundador da Microsoft, Bill Gates, "a melhor pessoa que conheço para prever o futuro da inteligência artificial", Kurzweil previu a onipresença da internet e a ascensão de dispositivos móveis no seu hoje cult *The Age of Intelligent*

Machines [A era das máquinas inteligentes] (publicado em 1990) e prenunciou que nos anos 2020 nossa revolução alimentar incluiria, entre outros fatores, o advento das fazendas verticais, a descentralização da produção e o fim da massiva crueldade a que os animais são submetidos em grandes propriedades — práticas realmente em curso nos dias de hoje. "Estamos nos estágios iniciais de múltiplas revoluções profundas geradas pela interseção entre biologia, ciência da informação e nanotecnologia", escreveu à época.

Do ponto de vista de que comer é nutrir, para eles, o método de extração de nutrientes a partir dos alimentos que ingerimos não funciona bem para a maioria das pessoas, o que explica a população mais obesa da história e uma série de doenças relacionadas à forma como nos alimentamos. Com exames personalizados, as necessidades nutricionais que atendam às características exclusivas de cada pessoa serão mais bem compreendidas e adotadas. Assim, os nutrientes exatos necessários poderiam então ser fornecidos de forma barata por um nanorreplicador e entregues diretamente em cada célula por nanorrobôs, eliminando dessa forma a necessidade de comer. Se isso lhe parecer demasiado futurista, Kurzweil lembra que as máquinas inteligentes já estão invadindo nossas correntes sanguíneas, como no caso de pílulas testadas em dezenas de faculdades e centros de pesquisa no mundo todo. Ou seja, o futuro já não é um planeta tão distante.

Em um artigo que escreveu no começo de 2003 para uma apresentação que faria em uma conferência da revista *Time* sobre o "futuro da vida", o engenheiro do Google fez uma analogia curiosa da revolução alimentar em curso com a revolução sexual a que a sociedade foi submetida a partir da contracultura hippie e da era do amor livre nos anos 1960: o sexo tinha sido separado de sua função biológica. Como humanos, nos envolvemos em atividade sexual em busca de uma relação íntima e de um prazer sensual, não necessariamente de reprodução. Ao mesmo tempo, criamos metodologias para gerar bebês que não envolvem o ato físico sexual (fertilizações in vitro). "Por que não aplicamos a mesma extração de propósito da biologia para outra atividade que também fornece intimidade social e prazer sensual: o ato de comer?", perguntava-se. Para ele, era preciso considerar uma reengenharia mais fundamental do processo digestivo para desconectar os aspectos sensuais de comer do seu propósito biológico original: o de fornecer nutrientes para a corrente sanguínea que são então entregues a cada um dos nossos trilhões de células. "Nós já temos os meios para sobreviver sem comer, usando nutrição intravenosa, embora esse não seja claramente um processo agradável, dadas as atuais limitações em nossas tecnologias para a entrada e saída de substâncias na corrente sanguínea", escreveu. Sua ideia era ampliar esse conceito de uma alimentação sem comida, utilizando nosso conhecimento como uma ponte para o pleno florescimento da revolução da biotecnologia que, por sua vez, seria uma ponte para a revolução da nanotecnologia.

Os nanorrobôs seriam os meios para redesenhar radicalmente nossos sistemas digestivos e, de maneira incidental, quase tudo o mais no nosso corpo. "Em última análise, os nutrientes individualizados necessários para cada pessoa serão totalmente compreendidos e estarão disponíveis de maneira fácil e barata, de modo que não precisaremos nos preocupar com a extração de nutrientes dos alimentos. Assim como costumamos nos engajar no sexo hoje por sua gratificação relacional e sensual, teremos a oportunidade de desconectar a ingestão de alimentos da função de fornecer nutrientes para o organismo", ele conclui. Entre as projeções futuras de Kurzweil estaria um aprimoramento desse sistema, em um cenário no qual vestiríamos uma espécie de "roupa de nutrientes" especial, como um cinto ou uma camiseta, carregada de nanorrobôs de nutrientes que entrariam e sairiam de nosso corpo através da pele ou de alguma cavidade. Nesse estágio de desenvolvimento tecnológico, poderíamos então comer o que quiséssemos: o que nos desse satisfação gastronômica, sem absorção do corpo (inclusive sem engordar!). Ao mesmo tempo, forneceríamos um fluxo de nutrientes para nossa corrente sanguínea, usando um processo completamente separado. "Uma possibilidade seria que todos os alimentos que comemos passassem por um trato digestivo que agora está desconectado de qualquer possível absorção para a corrente sanguínea", ele prenunciou, tal qual um "exoestômago", uma espécie de colostomia tecnológica programada.

Ainda que tirar das refeições o papel de nos nutrir soe como um absurdo para muita gente, existem pesquisadores que vêm algumas vantagens em um mundo sem necessidade de comida: da produção fácil e barata de nutrientes em detrimento de caros e complexos sistemas alimentares, passando por uma considerável relação mais balanceada com o meio ambiente, a erradicação da fome (pelo menos como conhecemos) e, claro, a garantia de corpos sempre saudáveis, balizados de acordo com particularidades específicas de cada um. Ainda que hoje pareça distante como a ideia de uma colonização humana na Lua ou em Marte, a teoria terá resistência de opositores de qualquer ideia que possa nos tirar o prazer indelével da alimentação — afinal, comer não é apenas se nutrir; é deleitar-se, emocionar-se, satisfazer-se, relacionar-se, socializar, como já demonstraram filósofos, sociólogos, químicos e cozinheiros, muitos deles inclusive reunidos até aqui, nas páginas deste livro. Sentidos esses que picogramas de proteínas e vitaminas carregadas por nanorrobôs vagando pelas nossas correntes sanguíneas nunca serão capazes de evocar, tampouco substituir.

7. Rãs à quitrídio

O maior extermínio do século XX não aconteceu na Europa das duas grandes guerras. Como uma peste vagarosa, começou no Leste da Ásia e levou mais de duas décadas para se espalhar pelos continentes, dos Pirineus franceses à Sierra Nevada californiana, aniquilando milhares de indivíduos, causando o declínio de comunidades inteiras, extinguindo permanentemente mais de cinco centenas de espécies na maior pandemia já registrada na história. E mesmo que você nunca tenha ouvido falar a respeito, seu único responsável, o *Batrachochytrium dendrobatidis*, segue ainda hoje seu rastro destruidor, anulando impiedosamente sapos, rãs e pererecas dos mais diversos ecossistemas. As projeções dão conta de que mais de dois terços dos vertebrados foram dizimados por sua causa. Pesquisadores chegaram a conceber que pudesse estar em curso uma iminente extinção em massa dos anfíbios.

O facínora de nome pomposo é um superfungo quitrídio que, em contato com a pele desses animais, cria uma camada grossa que os impede de absorver água e oxigênio e de manter um fluxo equilibrado de eletrólitos, levando-os à insuficiência cardíaca por asfixia. Uma doença lenta e terrivelmente fatal. Estabelecida como a pior enfermidade selvagem de todos os tempos, a quitridiomicose foi testemunhada por décadas por centenas de pesquisadores, principalmente nas florestas das Américas Central e do Sul. No Brasil, o país com a maior diversidade desses animais (1080 das 7546 descritas), duzentas espécies distintas foram completamente apagadas do nosso território, já que o fungo se disseminou por toda a Mata Atlântica, chegando a biomas como o Cerrado e a Amazônia, permitindo a mutação de duas linhagens hoje endêmicas no país — uma delas mais virulenta que a pandêmica em circulação pelo mundo. Mas os herpetologistas (os especialistas em anfíbios e répteis) só souberam o que estava por trás dos milhares de mortes em 1999, quando o fungo foi oficialmente identificado. Até que se soubesse o que levou ao declínio completo de comunidades inteiras de sapos e rãs, essa permaneceu como uma das questões mais intrigantes para a comunidade científica mundial: as suposições levaram biólogos a postular hipóteses das mais distintas e até cogitar teorias como a de que o "holocausto anfíbio" podia ter sido causado por alguma chuva ácida, resultado de um exponencial crescimento da poluição urbana com o desenvolvimento populacional global, prevendo — não sem razão — como o aumento da nossa espécie poderia ter levado a um desequilíbrio biológico de outras. Em todo congresso de herpetologia pelo mundo, era sempre a mesma questão: ano após ano, cientistas descreviam os dramáticos declínios das espécies que pesquisavam sem que ninguém da plateia conseguisse levantar a mão para arriscar um motivo concludente para os gráficos decrescentes que emudeciam os auditórios cheios. Uma vez infectadas, populações inteiras entravam em colapso numa única estação.

Quando os primeiros estudos deram um nome à praga e a seu agente disseminador, o maior mistério da herpetologia parecia ter sido por fim solucionado. Mas ainda faltava elucidar algo mais curioso: como uma mesma linhagem do fungo podia, por exemplo, ter se alastrado massivamente, levando-a a ser identificada tanto nas espécies que habitavam as florestas Gwanbangjerim, na Coreia do Sul, quanto naquelas endêmicas da Mata Atlântica brasileira, em regiões opostas no globo.

Era preciso empreender um copioso esforço científico para desvendar as dúvidas que ainda restavam sobre o *Bd* (como os especialistas passaram a se referir ao *Batrachochytrium dendrobatidis*): instituições de todo o mundo se puseram a analisar e categorizar amostras numa força-tarefa intercontinental para chegar à origem espaçotemporal do fungo. Da Unicamp ao Imperial College de Londres, do Centro de Conservação e Resgate de Anfíbios de Honduras à Universidade de Gante, 38 centros de pesquisa se empenharam na missão coletiva de encontrar a ascendência do *Bd*, de entender como ele se disseminou de forma tão impetuosa.

O resultado do trabalho de mais de um par de anos foi publicado na edição de março de 2019 de uma das mais prestigiosas revistas científicas do mundo, a *Science*, e conclui que, ainda que o fungo já estivesse há pelo menos mais de cem anos convivendo com os anfíbios, o domínio de sua linhagem mais virulenta coincidia justamente com a época da expansão global do comércio intercontinental das espécies dessa classe, quando milhares de sapos e rãs passaram a deixar as fronteiras de seus ecossistemas equilibrados, sobretudo na Ásia, para servirem desde matéria-prima para testes de gravidez (em que a urina da mulher grávida deve conter hormônios capazes de fazer a rã botar ovos) até — e acima de tudo — aplacar o desejo gastronômico de clientes ávidos por saborear suas carnes magras e delicadas em países tão distintos como a França, os Estados Unidos e até o Brasil. A caminho do nosso prato, milhares e milhares de anfíbios se perderam.

No final da primeira metade do século XX, as rãs se tornaram uma iguaria na gastronomia mundial, propagada principalmente pela sua valorização na cozinha francesa, que dominava a cena naquela altura, com suas técnicas requintadas de preparos cuidadosos e suas receitas ganhando projeção internacional e espaço até mesmo nos programas de televisão. Todo cozinheiro que quisesse ser respeitado como tal precisava ser bem versado em preparar uma base impecável de roux (a mistura de farinha e gordura em líquido quente) e cortar com precisão suas cenouras *à julienne*; mas também dominar o preparo de escargots e saber de cor como cozinhar *grenouilles à la provençale* (ou rãs à provençal, com alho, salsa e vinho branco). Até os anos 1960, não existia bistrô tradicional francês em que as rãs não constassem do menu escrito a giz em uma lousa na porta.

A França pariu a alta cozinha como a conhecemos e impôs sua cultura gastronômica pelo mundo — incluindo, claro, as rotas de ingredientes que passaram a figurar nos cardápios dos restaurantes. Até por isso mesmo, espécies pouco convencionais nas mesas de muitos países ocidentais passaram a se tornar mais cobiçadas, como foi o caso dos anfíbios. Em muitas partes da Ásia, onde se trata de uma carne mais familiar nas refeições, os sapos costumam ser cozinhados inteiros, apenas sem a pele (em que se concentram as toxinas), em preparos como sopas e guisados. Nos países europeus e do Novo Mundo, entretanto, as pernas traseiras é que se tornaram uma iguaria, na maior parte das vezes servidas empanadas ou salteadas em (muita) manteiga. O restante do corpo, que não possui a mesma quantidade e qualidade de carne, é descartado.

Ainda hoje, cerca de 3 bilhões de sapos e rãs são consumidos anualmente para fins culinários no mundo. Os franceses, que criaram a tendência global dos anfíbios no prato, seguem como os maiores consumidores (cerca de 3 mil toneladas anuais), seguidos pelos americanos. No Brasil, não é difícil encontrar as perninhas de rãs em mercados e cardápios (dos botecos aos de restaurantes franceses, passando até pelos de churrascarias) para atender um público apreciador da sua carne. "É um peixe melhorado", descreve o herpetologista Felipe Toledo, professor do Instituto de Biologia (IB) da Unicamp e coordenador dos estudos brasileiros sobre o *Bd*. Com cabelo e barba grisalhos, tatuagem tribal no antebraço direito e vestindo jeans e camiseta preta, Toledo parece mais um criativo publicitário de agência sentado na sua espaçosa sala no IB, e não um biólogo que passou vinte anos de sua carreira pesquisando as criaturas verdes que estão espalhadas em miniaturas e pequenas esculturas por todo o seu gabinete: há rãs como peso de papel, um sapo metamorfoseado em trava para porta e dezenas de quadros com ilustrações de anfíbios por todas as paredes.

Formado em Zoologia pela Universidade Estadual Paulista (Unesp), o interesse de Toledo pelos curiosos animais com ciclo de vida dividido em uma fase aquática e outra terrestre surgiu a partir de um antigo professor que também passou sua vida acadêmica dedicada a eles. Ele é o homem por trás do Laboratório de História Natural dos Anfíbios Brasileiros (LaHNAB), que permitiu que trabalhos sobre esses animais realizados no Brasil chegassem também a outras publicações de prestígio, como a *Nature*, o *Proceedings of the Royal Society B.* e o *Journal of Zoology*. O professor explica que a espécie que costumamos comer é mais conhecida como rã-touro, originária dos Estados Unidos, e é criada em ranários (alguns ilegais) especificamente para esse fim. O Brasil é um dos maiores produtores, ainda que não se tenham dados oficiais sobre o volume produzido. E embora as rãs-touros não sejam suscetíveis à quitridiomicose, convivendo bem com a doença, as circunstâncias em que são criadas e transportadas as tornaram um poderoso vetor para o superfungo se alastrar e atingir outras espécies endêmicas, o que levou muitas delas ao declínio completo.

"Para termos a possibilidade de comer uma das carnes menos consumidas no mundo, dizimamos populações inteiras de anfíbios em todo o planeta", me diz Toledo com um misto de espanto e surpresa, como se tivesse tido esse raciocínio pela primeira vez ao proferir essas palavras. "E ainda para fazer rã à passarinho, como comemos tanto aqui, que é ao mesmo tempo um dilema biológico e uma baita sacanagem com as rãs", ri. "É talvez a pior forma de comer o animal, já que nem se sente o seu verdadeiro gosto." Mesmo que hoje seja possível pedir um prato de perninhas de rã em um restaurante ou outro, no decorrer dos anos, tanto as feitas ao estilo provençal quanto essas mergulhadas em panelas cheias de óleo fumegante entraram em uma espécie de limbo gastronômico, onde também ficaram esquecidas receitas como o coquetel de camarão e o frango à Kiev, por exemplo — pratos antes muito valorizados do ponto de vista do status à mesa, mas que se tornaram datados, cafonas até, para os padrões das cozinhas de hoje. Com o advento da *Nouvelle Cuisine*, os preparos mais pesados besuntados com quantidades absurdas de manteiga que definiram a tradicional culinária francesa deram vez para uma gastronomia mais leve, que buscava a beleza do simples, deixando para trás os preparos mais encorpados como as rãs empanadas e até mesmo as perninhas douradas na frigideira, outrora tão cobiçadas. Os gostos mudaram e as rãs aos poucos foram encobertas no holofote gourmet, mas o comportamento ditado por aquele modo francês da boa mesa nos causou uma perda de centenas de espécies de vertebrados por todo o planeta, perda que nunca mais poderá ser revertida.

O que escolhemos pôr no prato pode ter consequências muito mais entranhadas e complexas do que vislumbram as vãs dietas da moda. Entretanto, no papel de consumidores passivos, que têm tudo ao alcance da prateleira do supermercado mais próximo ou de dois cliques numa módica tela sempre à mão, escolhemos nos distanciar de qualquer ideia de responsabilização que nossa alimentação possa nos infligir — a nós mesmos, muitas vezes, mas aos outros e ao planeta quase sempre. Com novos estudos científicos comprovando a ligação da nossa alimentação atual aos muitos danos ambientais (alguém falou em mudanças climáticas?) e a senciência de muitas espécies animais — ou seja, a capacidade que elas têm de sentir dor e sofrer —, enfrentaremos mais e mais um implacável e impreterível dilema moral sobre aquilo que colocamos no prato.

Enquanto podemos, ainda tentamos disfarçar ou esquecer que nossa cadeia de produção alimentar está manchada de queimadas, extinção e sangue. "Não queremos ser lembrados do sofrimento, apenas comer. As pessoas nem sabem de onde vem sua comida, e isso é uma metáfora para muitos de nossos problemas atuais", pontua o famoso chef americano David Chang. É esse distanciamento da origem, tão propagado pelo localismo, que nos tornou muito ignorantes sobre como nos alimentamos. Poucas decisões na nossa vida são tão arbitrárias e sem conscientização quanto às que dizem respeito ao que escolhemos comer. Sabemos, ainda que tentemos dissimular, que as camisetas que usamos são fabricadas na China ou em Bangladesh, às custas de trabalho análogo à escravidão, muitas vezes realizado por adolescentes e crianças. Mas não temos a menor ideia de onde vem o frango que assamos para o almoço familiar de domingo: onde foi criado? Em que condições? Como foi armazenado? De que maneira chegou até o mercado onde o compramos, devidamente plastificado e desprovido de qualquer ideia de vida na gôndola dos congelados? Uma pesquisa encomendada pelo Centro de Inovação dos Laticínios dos Estados Unidos, em 2017, mostrou que 7% dos adultos americanos acreditam que o leite achocolatado vem de vacas marrons — cerca de 20 milhões de adultos que vivem na maior potência mundial acreditam que a cor da pelagem do animal pode ter relação com a cor da bebida que ingerem de caixinhas longa vida no café da manhã.

Mas tamanho obscurantismo pode nos cobrar caro. Sem conhecer a origem dos nossos alimentos, ficamos de todo alheados dos riscos que corremos ao ingerir desde um aparentemente inofensivo pé de alface-romana (responsável por três surtos seguidos de *E. coli* nos Estados Unidos em 2019) a uma posta de salmão congelada (que carrega da Europa uma quantidade suficiente de vírus capaz de infectar uma centena de pessoas em Xinfadi, na China). Em um comunicado divulgado no início de maio de 2020, o Programa das Nações Unidas para o Meio Ambiente (PNUMA) alertou que "as doenças transmitidas de animais para seres humanos estão em ascensão e pioram à medida que habitats selvagens são destruídos pela atividade humana". Dos pangolins caçados na África e levados vivos para a China, onde são amontoados em gaiolas com outros animais em mercados como o de Wuhan, às galinhas poedeiras mantidas em compartimentos gradeados pelas granjas ao redor de todo o mundo numa junção de fezes, sangue e vírus ansiosos por sobreviver num hospedeiro, ao manter nossos hábitos alimentares nos padrões atuais estamos cozinhando um tórrido caldeirão de patógenos (entre bactérias, fungos, protozoários e vírus) que de outra forma não chegariam ao homem. Muitos deles passam, direta ou indiretamente, pelo nosso prato. E os cientistas estão descobrindo que de dois a quatro novos vírus são criados a cada ano como resultado da violação humana no mundo natural ou do desequilíbrio que causamos no meio ambiente, sobretudo como forma de produzir alimento, e qualquer um deles pode se transformar em uma pandemia.

É o caso da Covid-19, que paralisou o planeta de uma forma até então só imaginada nos blockbusters hollywoodianos. A cepa do coronavírus que originou a síndrome respiratória aguda grave (Sars-CoV-2) e se espalhou por todo o mundo adveio, já se sabe, de algum animal selvagem. Mas ainda não sabemos ao certo quem são os envolvidos em sua cadeia de transmissão: Morcegos? Pangolins? Os peludos minques? Quais são os reservatórios, quais são os animais, além de nós, que podem ser contaminados? Os gatos, os chimpanzés?

O que já é consenso científico é que as doenças zoonóticas (que se caracterizam por infecções animais transmissíveis ao homem, através de uma simples reviravolta do destino e, vá lá, do ambiente) estão se tornando mais comuns. Tem havido uma tendência nos últimos sessenta anos de novos patógenos emergindo de hospedeiros animais e infectando humanos, causando mais doenças, que podem talvez gerar surtos, que possivelmente provoquem epidemias e, porventura, acarretem grandes pandemias — e os advérbios de dúvida nessa frase provavelmente farão menos sentido nos próximos sessenta.

Em condições naturais, espécies de diferentes biomas ou até de diferentes continentes nunca se encontrariam. Mas nos mercados de animais selvagens que criamos e que se tornaram comuns a partir da década de 1980, por exemplo, elas são colocadas próximas umas das outras e dos seres humanos, aumentando exponencialmente o risco de transmissão zoonótica. Nos últimos anos, como nunca, também invadimos florestas tropicais e outras paisagens selvagens que abrigam diversas espécies de animais e plantas; e, dentro dessas criaturas, tantos microrganismos desconhecidos. Matamos os animais ou os engaiolamos e os enviamos aos mercados. Confinamos frangos em péssimas condições em galpões do tamanho de estádios de futebol onde os maus-tratos são a regra, não a exceção (como no uso indiscriminado de amônia para evitar processos de decomposição, que acabam por queimar seus pulmões). Rompemos os ecossistemas e liberamos patógenos de seus hospedeiros naturais. Quando isso acontece, eles buscam novos organismos onde viver. Chegar aos seres humanos, a espécie mais populosa do planeta, é a maior glória que esses patógenos poderiam almejar. E nós é que estamos encurtando esse caminho.

Estudos mostram que os sistemas de confinamento que hoje produzem as carnes que cozemos, fritamos, assamos e grelhamos concentram a maior frequência de vírus que sofrem mutações antigênicas, ou seja, com potencial de ficarem mais contagiosos e virulentos a cada nova adaptação genética. A Organização Mundial da Saúde prevê que se uma mutação da gripe aviária pular para os humanos teremos de 3 milhões a 7,5 milhões de mortes no mundo. Não há dúvidas na comunidade científica de que novos vírus e bactérias que transitam entre animais de fazenda e seres humanos serão uma grande ameaça à saúde mundial nos próximos anos — talvez maior até do que uma doença como a Covid-19. Vivemos hoje a era que os cientistas chamam de "terceira transição epidemiológica", caracterizada pela ressurgência de doenças infecciosas já conhecidas (e que pensávamos terem sido erradicadas, como é o caso do sarampo) e pelo surgimento de outras enfermidades emergentes nunca catalogadas — nem mesmo aventadas. Quando se trata de pandemias, não há saúde animal e saúde humana, tudo está entranhadamente conectado. "Para reduzir o risco de pandemia para nós mesmos, nosso olhar precisa se voltar para a saúde dos animais", alerta o cientista Santiago Mas-Coma, catedrático de Parasitologia e presidente da Federação Internacional de Medicina Tropical. O sistema de criação animal por confinamento e as péssimas condições que mantemos podem dar origem à rápida infecção de animais (que podem não apresentar indícios de sintomas), com o risco subsequente de disseminação da doença quando forem então distribuídos e vendidos em muitos mercados dispersos mundo afora. Bactérias ou vírus, como a influenza e os coronavírus, passam então a circular livremente entre populações humanas e animais, até atingirem um potencial pandêmico de contaminação, levando milhares de pessoas à morte em decorrência de quadros mais agudos dessas doenças, cada vez mais letais.

Foi o que aconteceu com os anfíbios. Mas, o efeito devastador que as nossas escolhas alimentares causaram no caso desses animais gerou pouca mobilização, porque a doença causada pelo fungo aos milhares de indivíduos dessas espécies não é uma zoonose, ou seja, não passa para o ser humano. Então, não temos muito com o que nos preocupar, certo? Errado, como defende o biólogo Felipe Toledo: "Além do controle de insetos vetores de doenças, muitas das quais nos afetam diretamente, os anfíbios controlam também pragas agrícolas. Com menos deles na equação, a produção de alimentos precisa envolver um uso maior de agrotóxicos e químicos". Nosso ímpeto de comer uma "exótica" perninha de rã nos obrigou a engolir outro sapo muito mais tóxico: litros de pesticidas altamente danosos à nossa saúde (os HHP, na sigla em inglês para Highly Hazardous Pesticides), como o glifosato e o ciproconazol, presentes em maior concentração nos nossos legumes, frutas e verduras à medida que sapos e pererecas foram erradicados de seus habitats. "Nossa qualidade de vida diminui consideravelmente conforme aumentam as taxas de extinção de outros seres vivos", ele me explica. "Não há mais brecha para pensarmos que podemos agir como temos agido em relação às outras espécies."

Nossos comportamentos alimentares foram moldados durante os séculos muito menos por escolhas individuais que por influências externas. Dos hábitos impostos pelas hordas de colonizadores, por pressões das autoridades (das monárquicas às ditatoriais), por tendências e modismos, pelas imposições religiosas, pelas rígidas conjunturas econômicas, pelo lobby agressivo e irrefreável da indústria alimentar. A pandemia da Covid-19 — acreditam os estudiosos panglossianos que se debruçam para entender nossas ações — pode ser uma importante alavanca de mudanças, por finalmente termos entendido a consequência direta daquilo que optamos por ingerir. É inegável que conflitos morais que passavam ao largo de nossas mesas começaram a ganhar uma crescente centralidade nos nossos momentos à mesa — uma espécie de garfada indigesta em uma ocasião que era de puro hedonismo, uma lembrança impertinente que a fatia de picanha prestes a ser devorada pode nos custar, mais derretimentos das geleiras no Ártico, mais desequilíbrio no bioma da Amazônia a vir cobrar a altíssima conta depois, através de uma praga pandêmica. Cruzes!

Os climatarianos (aqueles que adotam uma dieta em prol da redução dos impactos de recursos naturais, sobretudo em relação à crise climática) e os animalistas (que basicamente não acreditam no especismo e na supremacia humana na natureza) estão chegando. Para nos lembrar que tudo tem suas consequências, eles estão dispostos a nos esfregar nas fuças o sofrimento horrendo e sistematizado que temos causado no mundo, nos obrigando a reconhecer o nosso egoísmo e, sobretudo, a facilidade com que nos recusamos a pensar nisso. A nossa alimentação foi de repente salpicada com questões eminentemente políticas que desconhecíamos — tudo bem, que ignorávamos —, como um arroz com passas que a nossa tia nos impõe na mesa de Natal.

"O movimento crescente de libertação animal, por exemplo, tem se tornado semelhante a um movimento típico de justiça civil. O que o torna político é que a discussão está passando do bem-estar animal propriamente para o veganismo, e acredito que esse novo veganismo deva ser entendido como entendemos hoje o feminismo, o antirracismo e outros movimentos semelhantes de luta por uma política de antiopressão", resume a pesquisadora Yamini Narayanan, professora sênior na Universidade Deakin, em Melbourne, na Austrália.

Seu trabalho concentra-se em estudar as políticas urbanas e suas interseções de especismo, racismo e até casteísmo nas formas como os animais são inseridos na constituição de nações. De origem indiana e integrante do Oxford Centre for Animal Ethics, um dos mais respeitados órgãos de ética animal do mundo, ela tem propriedade para falar como poucos sobre a vaca e as interpretações religiosas em torno do protecionismo do animal e do simbolismo que tanto a politizaram.

Durante a era colonial britânica, as preocupações centravam-se em saber se a Índia se tornaria uma república hindu ou uma democracia secular na sua pós-independência. Os nacionalistas hindus queriam um país de crenças hindus, é claro, então a vaca foi uma das ferramentas que utilizaram para tentar conseguir impor sua religião. A vaca foi enfatizada como uma espécie de "mãe" ou "deusa" hindu, e os que as abatiam, que eram tipicamente muçulmanos pobres ou hindus de "baixa" casta, tornaram-se os "outros" dentro da sociedade. Agora, duzentos anos depois, o atual governo nacionalista hindu de Narendra Modi tenta reativar esse simbolismo. Mas os tempos são outros. "A verdade é que a Índia é um dos maiores abatedouros de vacas do mundo", afirma Narayanan. Não para produzir carne, mas como resultado da sua copiosa indústria de laticínios. Quando as vacas leiteiras ficam doentes, inférteis ou velhas, elas são abatidas; o mesmo ocorre quando nascem apenas animais machos — ainda que na Índia isso aconteça inteiramente na clandestinidade, numa economia paralela. "Em contraste com a carne que é hiperpolítica no país, o leite é visto de forma completamente apolítica, porque produtos são derivados apenas de fêmeas vivas e não estão relacionados com o abate na imaginação popular. No entanto, a realidade é que a indústria de laticínios também é uma indústria de abate", a pesquisadora explica. E as pessoas hoje sabem disso.

As redes sociais tornaram possível testemunhar o sofrimento real e extremo dos animais que são mercantilizados, encarcerados, espancados, chicoteados e explorados sexualmente, tudo em nome da produção alimentar. Ao mesmo tempo, as ansiedades em torno das mudanças climáticas causadas pela pecuária animal também estão contribuindo para a discussão sobre esse "veganismo de ação" do qual fala Narayanan, uma prova de que a alimentação se tornou um princípio essencialmente moral nesses novos tempos. E na cultura popular e corporativa, esse veganismo está sem dúvida oferecendo uma oportunidade inovadora — e definitivamente lucrativa, com o boom dos *plant-based* — de estabelecer novas tradições alimentares incitadas por condutas éticas e políticas convertidas em marketing propositivo. "O veganismo é tão antigo quanto é novo; é a primeira dieta da humanidade, mas também assumiu possibilidades muito diferentes agora que desfruta de mais um sopro de renovação com esses ativistas dispostos a transformá-lo numa arma moral." Em tempos em que ares progressistas parecem soprar mais forte no horizonte alimentar, nossa comida deve ganhar contornos éticos inéditos e potencialmente transformadores — talvez, preveem estudiosos, será impensável conceber granjas onde os bicos das aves sejam cortados propositalmente para que elas não matem umas às outras por estresse, assim como hoje é difícil imaginar, por exemplo, que um fumante podia despejar direto dos pulmões toda a sua fumaça tóxica de nicotina na mesa ao lado em um restaurante, ou até que um dia tenhamos criado bebedouros exclusivos para negros. Mais do que o estômago, devemos cada vez mais digerir nossas escolhas alimentares com a consciência. Podem servir as refeições!

Referências bibliográficas

ADURIZ, Andoni Luis. *Mugaritz: Vanishing Points*. Barcelona: Planeta Gastro, 2019.

BARBER, Dan. *O terceiro prato: Notas de campo sobre o futuro da comida*. Trad. de Ana Deiró. Rio de Janeiro: Bicicleta Amarela, 2015.

BEETON, Mrs. Isabella Mary. *The Book of Household Management*. Londres: Empire, 2011.

BOSSIE, David N.; LEWANDOWSKI, Corey R. *Let Trump Be Trump: The Inside Story of His Rise to the Presidency*. Nova York: Center Street, 2017.

BUFORD, Bill. *Calor*. Trad. de Pedro Maia Soares. São Paulo: Companhia das Letras, 2007.

DESPOMMIER, Dickson. *The Vertical Farm: Feeding the World in the 21st Century*. Londres: Picador, 2011.

FILLÌA; MARINETTI, Filippo T. *A cozinha futurista*. Trad. de Maria Lúcia Mancinelli. São Paulo: Alameda, 2009.

GENTILCORE, David. *Pomodoro! A History of the Tomato in Italy*. Nova York: Columbia University Press, 2010.

GOLDMAN, Amy. *The Heirloom Tomato: From Garden to Table: Recipes, Portraits, and History of the World's Most Beautiful Fruit*. Londres: Bloomsbury, 2008.

GOPNIK, Adam. *The Table Comes First: Family, France, and the Meaning of Food*. Nova York: Vintage, 2011.

HERCULANO-HOUZEL, Suzana. *The Human Advantage: How Our Brains Became Remarkable*. Cambridge: MIT Press, 2017.

KROC, Ray. *Grinding it Out: The Making of McDonald's*. reimp. Londres: St. Martin's Press, 1992.

KURZWEIL, Ray; GROSSMAN, Terry. *Fantastic Voyage: Live Long Enough to Live Forever*. Nova York: Plume, 2005.

LOVE, John F. *McDonald's: Behind the Arches*. Nova York: Bantam, 1995.

MARIANI, John F. *How Italian Food Conquered the World*. Londres: Palgrave Macmillan, 2011.

MCMILLAN, David; MORIN, Fred. *Joe Beef: Surviving the Apocalypse: Another Cookbook of Sorts*. Nova York: Knopf, 2018.

MICHAELS, David. *The World is Your Burger: A Cultural History*. Londres: Phaidon, 2017.

ONG, Li Lian. *The Big Mac Index: Applications of Purchasing Power Parity*. Londres: Palgrave Macmillan, 2003.

OSANNA, Massimo; PICONE, Renata. *Restaurando Pompei: Riflessioni a margine del grande progetto*. Roma: L'Erma Di Bretschneider, 2018.

OZERSKY, Joshua. *The Hamburguer*. New Haven: Yale University Press, 2008.

PETRINI, Carlo. *Comida e liberdade — Slow food: Histórias de gastronomia para libertação*. Trad. de Renata Lucia Bottini. São Paulo: Senac, 2015.

POLLAN, Michael. *As regras da comida*. Trad. de Adalgisa Campos da Silva. Rio de Janeiro: Intrínseca, 2010.

POOLE, Steven. *You Aren't What You Eat: Fed Up With Gastroculture*. Melbourne: Scribe, 2012.

RUFFA, Giovanni; MONCHIERO, Alessandro. *Il Dizionario di Slow Food*. Bra: Slow Food, 2002.

SAUL, Nick; CURTIS, Andrea. *The Stop: How the Fight for Good Food Transformed a Community and Inspired a Movement*. Nova York: Random House, 2013.

SCHEELE et al. "The Aftermath of an Amphibian Fungal Panzootic Reveals Unprecedented Loss of Biodiversity". *Science*, v. 363, pp. 1459-63, 2019.

SIMON, François. *Comer é um sentimento*. Trad. de Eric Roland Rene Heneault. São Paulo: Senac, 2006.

SPANG, Rebecca L. *The Invention of the Restaurant*. Cambridge: Harvard University Press, 2001.

THIS, Hervé. *Note-by-Note Cooking: The Future of Food*. Nova York: Columbia University Press, 2014.

____. *Building a Meal: From Molecular Gastronomy to Culinary Constructivism*. Nova York: Columbia University Press, 2009.

TUROW, Eve. *A Taste of Generation Yum: How the Millennial Generation's Love for Organic Fare, Celebrity Chefs and Microbrews Will Make Or Break the Future of Food*. [S.l.]: Kindle Edition, 2015.

WILSON, Bee. *The Way We Eat Now: How the Food Revolution Has Transformed Our Lives, Our Bodies, and Our World*. Londres: Fourth Estate, 2019.

WRANGHAM, Richard. *Pegando fogo: Por que cozinhar nos tornou humanos*. Trad. de Maria Luiza X. de A. Borges. Rio de Janeiro: Zahar, 2010.

Grafia atualizada segundo o Acordo Ortográfico da Língua Portuguesa de 1990, que entrou em vigor no Brasil em 2009.

capa e ilustração de capa
Estúdio Passeio
composição
Manu Vasconcelos
preparação
Andressa Bezerra Corrêa
revisão
Erika Nogueira Vieira
Jane Pessoa

Dados Internacionais de Catalogação na Publicação (CIP)

— —

Tonon, Rafael (1982-)
As revoluções da comida: O impacto de nossas escolhas à mesa: Rafael Tonon
São Paulo: Todavia, 1ª ed., 2021
160 páginas

ISBN 978-65-5114-015-0

1. Literatura brasileira 2. Ensaio 3. Alimentação I. Título

CDD B869.4

— —

Índice para catálogo sistemático:
1. Literatura brasileira: Ensaio B869.4

todavia
Rua Luís Anhaia, 44
05433.020 São Paulo SP
T. 55 11. 3094 0500
www.todavialivros.com.br

fonte
Register*
papel
Munken print cream
80 g/m²
impressão
Geográfica

FSC
www.fsc.org
MISTO
Papel produzido
a partir de
fontes responsáveis
FSC® C019498